親愛的末期癌症

低谷總裁的二十堂生命體悟課

王俊傑

Shining Until the End

著

目錄

第一部　回顧與前瞻 …… 005
寫一本書 …… 006
創業階段 …… 008
任職於大潤發 …… 013
任職於蘇寧 …… 024

第二部　意外患病 …… 033

第三部　患病日誌 …… 061

第四部　人生倒數的二十堂課 …… 167
重新定義疾病與生命 …… 168
一、醫療體系也在變革，從治療到康復的轉型 …… 168
二、認知自己患癌，有陰影，但生命的曙光也會灑落而下 …… 171
三、我的心境弧光，從恐懼到接納的旅程 …… 175
四、豢養自己的生命的堅韌與希望 …… 178

愛與聯結的本質 …… 182
一、家人用眾多的愛，來關懷一個可能隨時離去的肉體 …… 182

二、家人之間坦誠與共同決策，不隱瞞 185
　　三、學會在流沙中，抓住愛與家人，物質無法
　　　　替代情感需求 188
　　四、依賴不是軟弱，而是人性 192
　　五、疾病中的愛情：浪漫化與現實的平衡 196
　　六、在病床的縫隙中，尋找慈悲與感謝 202

行動策略：對抗虛無的實踐 209
　　一、微小行動的力量：從日常小事重建掌控感 209
　　二、拒絕社會表演：保持真實與自我 213
　　三、幽默作為生存武器：用荒誕消解恐懼 220
　　四、預設最壞，為最好努力：在不確定中尋覓
　　　　希望 223

哲學追問：存在與死亡的終極思考 228
　　一、在有限的生命中賦予生命價值 228
　　二、死亡也是生命的一部分 232
　　三、社會對「成功」的定義、放棄討好每個人、
　　　　個人價值重塑 236
　　四、不被情緒左右：我們一起解鎖情緒敏捷的
　　　　力量 240

用愛和勇氣書寫生命篇章 248
　　一、夜空中最亮的星 248
　　二、第二生命基金會 252

第一部

回顧與前瞻

寫一本書

年輕的時候，1999年左右，利用初學的淺薄知識，我架了一個網站和電子報，當時取了一個名字「日光溫暖」。

當時我剛從軍隊退役，在徬徨中好像能摸索出一道微弱的日光，但是經濟潦倒日子，就像泣訴無告的青年悲歌。一曲接著一曲，那些困頓生活很容易變成潦倒之音，沮喪的時候陽光似乎也不見了。

但是我又自詡是堅強的小草，給點陽光就行了，一點點就可以延續希望與快樂，我需要的養分不多，給點日光也許我就能茁壯。

那時候的自己充滿鬥志，利用業餘時間經營的網站和電子報，很快累積了成績，數十萬的訂閱人數讓我頗有成就感。

文學是一個小眾圈子，這個圈層的人似乎不那麼寫實，也不浮躁，他們可以靜下心來書寫文字，他們可能是作家、評論家，抑或是中文系師生，那些對中文的嚮往迷離了我，

使我認為應該透過自己的網站專長做點什麼。當然，我也想迫切能夠參與到這個圈層裡，想成一分子。

我很勤奮，除了日常之外，我利用業餘時間寫作，經常一寫就是凌晨兩點，一寫就直到累上閉眼，白天照常早起，有數年時間不間斷。寫多了也有點成績，慢慢嘗試投稿文學獎。後續獲得了一些認可，我寫的小說及散文陸續獲得第五屆、第六屆、第八屆中縣文學獎，長篇小說《深藍色與27號》獲得第五屆皇冠百萬小說獎初選入圍。一些散文經常出現在台灣日報和小說族，即便現在兩份都停刊了。

嘿！我一人而行，居然也陸續在資訊和文學上有一點點的小成就感，所以日光溫暖這名字真可以，是不是真能在徬徨中摸索出一道日光，名字我真喜歡，想著想著嘴角還能揚起一絲微笑。

網站已經停止營運，所撰寫的文章已成殘存的一堆舊記憶，那時年輕的生命美得特別純粹，謝謝年輕的時候對於希望、正面、積極的念想如此清晰。

所以，我在想。是不是還能繼續寫一本書？

所以，我在想。現在半百歲月光影，來來回回，最終還是要寫本書。

創業階段

　　2011年中，我嘗試自己發想商業模式，做了一個高端的設計師商品網站，我發現市場存在一些機會，後來人們稱這為「消費升級」。在那之前，我大部分的時間都是擔任企業顧問、專家，或是在大企業裡擔任高管角色，我似乎遊刃有餘，但事實上，我沒有真正自己創過業。但世界好像就應該是這樣轉動，我應該具備足夠的能量去做一些挑戰自己的事情了。

　　當時我正值三十五歲，風華正茂。對我來說，三十五歲了，不能再像陀螺一樣不斷地打轉旋轉，重複著社會上期待我的角色，我也要為自己想做的事情燃燒殆盡。畢竟生命這麼狼狽不堪，總不能一直苟活。

　　我有資訊科技管理相關的碩士學位，也在行業裡累積了充分的經驗，因此萌生出「覺得能夠靠自己的認知以及知識而不依賴他人去創想一個可行商業模式」，而且朝著這個方向前進。當然，這裡面可能存在一些失敗的風險因素，但沒

打算聽天由命。心想，不好一直在企業裡面擔任恰如其分的職業經理人，屆時懊惱可能要錯過一個時代和創業的機會，到時候可能後悔得腸子都青了。

那年我和我的合夥人Hiris（後來成為我的太太）參加了一個著名的創業比賽專案，名叫Startup Weekend。這個創業活動是利用週六、日兩天的時間，發想一個創業的idea，並在48小時內和陌生人組成團隊，完成產品的雛形。這個活動我擔任導師（Mentor），非常高效地主導專案進展，團隊也如預期地獲得了中國賽區的第一名。當時也得到了許多創業評委的高度認可。

對我來說，這不過是預期之作。

我好像吸收了大量的書面上創業知識之後，將其兌現出來，像極了蟲蛹蛻變成蝴蝶的過程，顯得再自然不過了。

一位香港友人Jeremy，他在上海有大量的房地產物業，他把一個閒置的辦公室無償讓我們使用。辦公室的位置在陝西南路，是上海市的中心，處於黃浦區、徐匯區、靜安區三區交界處。我們可以信步走到最繁華的淮海路，世界頂尖的品牌旗艦店坐落在那裡，然而辦公室的位置卻是在老舊的街道上，附近多的是開了十多年的上海麵館。挺有現代與傳統交織的氛圍。

辦公室裡也不只我們一間創業公司，也有零星的幾個創

業團隊會來使用辦公室。其中一位是一名退休的美籍糕點專家，他經常在辦公室烘焙他的香蕉麵包，他說那是來自家鄉的味道，希望也能在異鄉飄逸著。這變成我們辦公室獨有的氣味，這個以香蕉泥佐以麵粉的簡單烘焙料理，成為我們工作疲憊之餘的慰藉。

專案進展得很順利，大概經過半年準備，在年底時候就決定要發佈網站了。我們優秀的商品以及交互設計體驗很快就給電商行業帶來巨變，許多業者都關注到我們，我們也馬不停蹄地組建團隊，並引入世界各地知名的設計師商品入駐。

那時我們需要一筆資金，來作為啟動之用，否則無法應對團隊高速的擴展。我想到了我一個韓國的朋友 Mi Shin，我在首爾曾經拜訪過她幾次，她對商業的理解深刻，事業有成，在零售行業位居高位，而且很熱衷於幫助有潛力的年輕人，經常會為創新所帶來的突破而感到興奮。她的先生是一名設計師、藝術家、古董及藝術品收藏家，在東亞享有盛名，特別是在韓國，他幾乎是美學世界的代表之一。

這可能是最適合我們的種子輪投資人。我等不及把創業想法與她分享，這是一片新大陸。

於是我致電給 Mi Shin，簡單聊聊這個創業項目。就在我花了三十分鐘說明之後，她出乎意料地表現出興趣，並且

表達希望能夠當面溝通，立刻就決定飛到上海來見我。這對我們來說是極大的鼓舞。

上海是一個別具風情的城市，這裡曾經是英國租界，外灘矗立著52幢風格迥異的古典復興大樓，來自不同時期、不同風格、不同國家的建築。而離開外灘走向黃河路，巷弄裡又錯落著老舊的中式建築。我們在一家享譽盛名且古老的上海餐廳見面，我們來過這家餐廳，它和所在城市一樣別具特色。

我已經記不清楚我們大概談了多久，我們一方面讚嘆著享用美食的奇妙時刻，一方面聊聊我們想把公司及團隊帶到什麼境地。

「你們的信仰是什麼？有沒有信仰？」Mi Shin直截了當地問了一個完全不相干的問題。

「我們是基督徒，我還為今天的見面祈禱了，希望一切順利。」我太太Hiris很快就回答。

我是不是基督徒？我沉思著。因為太太是基督徒，所以我耳濡目染。我陪她一起去教會，在那裡讀經，唱聖歌。我在教會裡花了許多時間，似乎成為了我習慣的一部分。

Hiris問我，能不能受洗了？準備好了嗎？於是我理所當然地成為一名已經受洗的基督徒。

但對當時的我來說，上教會不過是在人生和親情交匯的

場域衍生的習慣,信仰不過是一種安放在心裡的安全感,想的時候就拿出來用,不想的時候就擱置。

所以我到底有沒有信仰?我是基督徒嗎?我似乎有些不肯定。

「我在出發前也祈禱過。我思考的過程是這樣的:在商業模式聽起來還不錯的情況下,在團隊上,我們會選擇一個能夠信賴的人,所以信仰這件事情就顯得十分重要。幸好你們是基督徒。」Mi Shin 最後給出的答案是投資。

她闡述道,她的一生受益於信仰,她也把自己的成功都歸功於上帝,她以自己的信仰感到自豪。

「幸好我們是基督徒。」最終投資人的這句話揚起了一股力量,讓我更接近上帝一些,也更肯定一些。

上海的冬天已去,冬陽逐漸展露出來,感覺春天的暖陽已經來到。2011年夏天,我們得到一筆種子基金,資金直接匯進個人帳戶,甚至連投資協議都還來不及簽署。多麼可貴的信任交託啊!

往後兩年,公司和專案進展得很順利。從職場上不願委屈被豢養,轉身到孤注一擲的創業,再遇上伯樂,幾乎成為這輩子中最好的人生旅程之一。中間遇到許多值得感恩書寫的事情,也遇上小人及挫折,但這些都將變成很棒的回憶,伴隨著我一輩子。

任職於大潤發

我的前東家大潤發被賣了兩次,第一次賣給了阿里巴巴,第二次被媒體說阿里巴巴用「骨折價」賣掉了。

在浩瀚無涯的零售千秋裡,大潤發絕對是一個傳奇。而對於當時參與其中的我,感觸特別深刻,美好的工作記憶至今未能退去。

2011年至2014年間左右,我們和一群夥伴為著創業項目奮鬥著,有幾個年輕的員工充滿熱情。

「我們無論如何都不能辜負這些人。」那段時間,我的心裡有這樣的信念在迴盪,我思忖著。

當時我們所依賴的產業正逐漸受到衝擊,原本細分領域的賽道,如我們選擇的設計師產品,在電子商務巨頭介入之後,一切變得不再平靜。

阿里巴巴旗下的天貓也開始開設自營業務,他們認為這可能是一筆好生意,因此摒棄了讓各大業者自行在天貓平台上開設店鋪的想法,選擇自主經營這塊生意,因此推出「淘

寶心選」，而各大互聯網巨頭也紛紛推出嚴選商品。他們使用現金買斷商品，在中間獲取更大的利潤，並借助平台上的流量傾斜，成為我們的主要競爭對手。

同時，我們也逐步發現流量的獲取成本越來越高，創業項目的發展似乎可以預見其天花板。創業團隊仍在呼吸，但幾乎感受不到空氣。

我在公司附近租了個房子。下班信步回家的時候往往是最適合省思的時刻，即便步伐沉重，估計臉上蒼白無血色，眼睛底下佈滿血絲，仍思考著公司下一步該如何往下走。

有人說，創業幾乎就是用百米的速度跑馬拉松。雖然這比喻聽起來嚇人，但創業的苦楚，也可窺一二。接受投資的企業目標基本出路就幾個，可能是上市，可能是出售，只有這樣才能給投資人回報。若企業存續，但成長緩慢，對於創業者、員工、投資人都不是好事。

眼下似乎只能去融資，找到一筆更大的資金，並同時尋求企業轉型。這似乎是公司存續以及保留員工的唯一方法。

定下了下一步的行動方案之後，就彷彿全身充滿能量。我們開始盤點可能適合我們的下一輪投資人，擬定了一份清單，主動積極地接觸。

友人建議我接觸一下大潤發。大潤發被稱為「19年不關一家店」的傳奇商場，創業20年，做到了中國零售業第

一的成績,年營業額超過一千億,其營業額遠超當時在中國市場的沃爾瑪、家樂福等競爭對手。從那時起,我和大潤發之間有了新的篇章。

大潤發由董事長黃明端先生一手創辦,1997年,在潤泰集團工作的黃明端受命負責公司新業務,進入零售業。2011年,戰勝了沃爾瑪、家樂福等勁敵後,大潤發與歐尚合併為高鑫零售在香港上市。2016年,營收破千億。

彼時的大潤發打算進軍電子商務。黃明端有一個百試不爽的套路:先模仿、再超越。「我的生鮮一部分採購操作是學美國的,但整個商店的設計是學歐洲的,商品的選擇是學大陸。」他曾這樣說過。

因此,他急著尋找一位懂電商的專家。透過友人介紹,我自然而然成為這位專家,這也給我提供了一個向大潤發尋求投資的機會。但黃董事長的原意卻是邀請我入職大潤發,協助大潤發組建電商團隊。

我和黃明端董事長固定每週一次,約在我喜歡的餐廳——來福小館。他說我是他的電商老師,而我卻趁機兜售我企業的願景。我期盼我的能力也能振興自己的企業。

就這樣忙了兩個月,融資專案進展不順利。公司帳上的現金流也所剩無幾,幾乎斷炊,看起來對於下一輪融資只能斷了念頭。

當時我做了一個挺重要的決定，既然大潤發有意請我加盟，不如帶整個團隊入職大潤發。但我當時提出了一個很苛刻的條件，要求讓我所有的員工全部入職大潤發，不能挑著要。例如會計等後勤的崗位，估計對大潤發來說也是雞肋。

我的夥伴們多年與我一起奮鬥，我聘用的人大部分是具有潛力，但不一定有光鮮的學歷與經歷，我不忍他們失業，不忍我獨自拋下他們。

這個條件幾乎是抱著赴死的準備。

但沒想到就在幾天時間，我就帶著整個團隊入職了大潤發。

蕭瑟秋風，卻能感受到溫暖。

黃董事長也是我的重要貴人，至少他給我這個團隊一個延續職場生涯的機會，他們不至於還得去外頭找工作。我也能夠對投資人及員工有所交代，唯一的代價就是我把自己賣進去了。

大潤發立了一個很宏偉的目標，希望能夠成為如天貓、京東、蘇寧同級別的平台公司。因此，第一要事是組建團隊，重中之重是技術團隊。鑑於我長期在IT產業發展，我被任命為董事長助理及技術部副總經理。

我加入時，公司已有一套現成的系統，是來自其中一家台灣一線電商高層離職之後組建的團隊所搭建。該系統存在

幾個致命問題：

一、系統基於台灣經驗，無法應對中國大陸的大訪問流量。

二、主要核心依賴於網上商城，而非主流的掌上商城。

三、用戶體驗不符合中國大陸因地制宜的使用介面及使用者習慣。

公司初期計畫以自營＋商城的模式進行，由於標準立得挺高，我們亟需在很短時間內完成系統平台搭建，但又不可能組建和天貓、京東、蘇寧同級別的技術團隊，那樣成本太高。同時，我仍在花力氣說服黃董事長推翻原有的系統架構。

當時原有的系統是一套PHP網站單體架構，系統鬆散且維護困難。

當時迎來一個方便我改革的契機，該系統所上線的網上商城，當訂單進來時，幾乎就崩潰。這證實了我原先的看法，也讓我得到了資源，快速組建了一個PHP團隊。

PHP是一種網站單體架構，能夠快速搭建，但對於高併發，也就是同時多人線上購物的場景無法支援，容易系統崩潰，長久不利於系統發展。

但我計畫是先解決問題，當時剛好沃爾瑪收購了一號店，部分一號店的員工有了異動念頭。我有些後輩在一號店

任職，於是就馬不停蹄地說服他們加入大潤發的電商行列。

企業最快組建團隊的方法是透過獵頭公司，但大潤發畢竟是傳統企業，很少用過獵頭服務。因此，我轉換思路，提供一筆遠比獵頭費用低廉得多的獎金，讓現有員工推薦優秀工程師加盟我方，同時也能提供背書。

上線之初，我組建了Bug跟進小組，該小組對各部門介面人提報的系統缺陷更加高效地跟進處理，記錄產生原因，並對Bug進行分類，提供給技術部檢討並提高產品品質，給開發部提供資料、操作步驟，方便開發定位問題，更有效地應對系統缺陷。

成效非常顯著，我很快能夠應對大部分的網站問題。

但我明白後期需要對系統進行整體推翻改造，目前的PHP網站單體架構支撐不了網站太久，依照當時的訂單成長，估計不到半年就會遇上瓶頸。當時我借鑑了天貓及京東的技術發展之路，深信要把開發語言PHP轉為JAVA，並且要大規模執行服務化。

為了實現PHP轉JAVA，我同時盡可能聘用同時會雙語言（PHP+JAVA）的工程師，這無形中又增加了招聘難度。但這樣一方面能解決網站現有的問題，一方面能夠為將來推翻PHP轉JAVA做準備。

當時工程師幾乎夜夜在辦公室度過，他們在奮鬥中消

瘦。晚上九點，我會點宵夜送到辦公室。他們承擔了比一般工程師更大的任務，要同時開發兩套系統，一套用來維持現有網站系統運作（PHP），一套準備推翻舊有系統（JAVA）。

這難度相當於給行駛中的飛機更換引擎。

等到新系統（JAVA）已經取代舊系統（PHP）的時刻，團隊熬了兩天兩夜，在深夜將新系統切換上線，從此再也沒有重大的系統事故發生。

大潤發的平台網站飛牛網開始邁向穩定之路。這其中的辛酸少人知曉，除了技術團隊外，少有人知道，沒有過多讚美。對於企業來說，減少研發成本、系統穩定不過是簡單且基本的要求。但在當時，我所面對的困難比新建一套系統複雜得多，因為重建的同時，仍要維持舊有系統的運行。

另一個嚴峻的問題，就是說服公司投入開發手機商城。這無疑是另一個成本，但趨勢已經明顯可見。在我加入之初，公司當時已經以一個相當低廉的價格外包給一個協力廠商的小公司。眼看協力廠商公司恐無力完成交付，我計畫組建一個小規模有戰鬥力的前端團隊，與協力廠商公司共同開發，並主導開發方向。前端團隊只需要開發應用管理，共用後台系統及資料庫，如此開發壓力能夠小很多，也能低成本應對，儘快上線。

別怕別怕，當時的掌上飛牛網很平穩地上線了，並很快

成為同業借鏡的對象。

　　黃明端董事長吸收電商的速度甚至不輸給年輕人。在他主導之下，我們逐漸形成共識，我們上線了兩款APP。

　　第一款，大潤發優鮮：業內首創到家業務，即離量販三公里內，半小時至一小時內，把線上訂購的商品送貨到家。完成最後一公里佈局，試點的店鋪很快就達成單日七千單配送的成績。第二款，大潤發e路發，結合大潤發採購供應鏈優勢，預測此優勢能為下沉市場夫妻店提供幫助，為業內唯一成功佈局下沉市場批發業務的大型超商。我有些IT圈子友人稱讚，大潤發的APP交互及用戶體驗完全不輸京東及阿里巴巴等電商平台。我深感欣慰。真是沒有過不去的坎，沒有躺不過的河。

　　其實用戶體驗除了大家熟知的交互，符不符合當地用戶的使用習慣，最難啃的骨頭是性能。認真的我當時把APP性能指標都做了監控，使用者抵達每一個頁面的所需用時，都不能輸給京東或蘇寧這些友商。

　　但是高額的資料庫費用壓得我喘不過氣來。

　　契機的到來是來自於我方所用的資料庫公司甲骨文送來了高額維護費用。成本一算，這使我有機會組建一個新的資料庫小組，採用幾乎沒有成本的開源資料庫，且為了資料安全，也建立了安全小組團隊，確保公司的資料通過許可權監

管,不至於有安全隱患。

在大潤發組建技術部門,落實了許多計畫,每項計畫都充滿挑戰且富有成就感。我在大潤發待了四年多的時間,期間最高升任至技術部總經理。

一直待到見證到大潤發整體出售給阿里巴巴的過程。2017年11月份,阿里巴巴以224億港幣(約28.8億美元),直接和間接持有高鑫零售(大潤發香港上市公司主體)36.16％的股份。緊接著在2018年1月底,黃明端董事長辭任執行董事,阿里巴巴CEO張勇則成為大潤發非執行董事和主席。

當時為全球少有的大規模收購案,也是當時最大金額的零售併購項目。大潤發在當年仍是中國最領先的綜合性大賣場運營商之一,高鑫零售營收連續多年穩居中國零售界第一位。2016年,高鑫零售營收達一千億元,遠遠超過第二名。覆蓋全國29個省市,擁有446家大賣場。大潤發、歐尚超市都是高鑫零售旗下的王牌。

雙方各有需求,高鑫零售是阿里巴巴對線下實體店的渴求目標,高鑫零售則想借助阿里巴巴的流量帶動業務發展。

這是一段值得回味的職場歷程,我從一位創業者轉身成為一位專業經理人。雖然身分有所轉變,但態度卻是不變的。即便是專業經理人的角色,我仍秉持著以創業者或老闆

的角度來看待問題，因此總能夠在困局中做出一些突破。

這篇著重講技術的部分，因為過程實在太過艱辛。而我在大潤發期間商業的成長，零售的觸覺才是真正給了我養分與收穫。

黃明端董事長會固定在週六與我們高層開會，參與者約莫八位左右。

開會的藝術實在值得我花筆墨頌揚。黃明端董事長會在會議前，與我們分享一些他認為不錯的文章，久了我們就變成了同一類人。

我當時是突圍者角色，因此大部分時間都在準備說服，分享電商互聯網的最新發展，以及應對之術。有趣的是，我同時也是團隊中唯一一個展示PPT的人，大部分高層都是簡單的Word或者口述。

用餐之後，黃明端董事長會帶著我們巡店。對於零售的細節信手拈來。我在其中學習了大量的零售知識，以至於我後來與那些從業二十年以上的零售老兵交流時，我都能給出見解與啟發。

對我來說，黃明端董事長塑造了一個優秀管理者的典範。我是其中的見證者，以至於後來我未曾見過與他一樣了不起的商業領袖。

在大潤發工作期間，父親深受肺病所苦。我工作繁重，

鮮有時間照顧，主要依賴母親與弟妹。

最終父親仍抵擋不了病魔而離開。

黃明端董事長特地搭機來家中慰問。

大潤發當時隸屬於台灣潤泰集團，潤泰集團旗下投資了大量的企業，其中上市企業無數。喪禮我們收到了大量的花籃，數量之巨綿延宛如長龍，署名者均是上市企業或大型企業總裁，而我和父親與這些企業幾乎沒有關係。

潤泰集團主席夫人，特別從英國搭十多小時飛機，至家中為父親上香。

一個企業能夠做到如此，自然會讓員工們共赴未來，即便艱辛。所以大潤發的員工經常一待就是二十年三十年，這是一個家人般的企業，充滿善良與道德，同時還能創造營收。

在我心中，大潤發和黃明端董事長早已封神，不需要再證明什麼。

每當我做商業決策困惑之時，我都會想想，如果黃董事長會怎麼做。

任職於蘇寧

　　2017年前後，零售行業風雲變幻，一場前所未有的變革浪潮洶湧而來。電商的洶湧浪潮以前所未有的速度衝擊著傳統超商領域，大潤發站在時代的十字路口，面臨著艱難的抉擇。這是一場傳統與新興勢力的對撞，一邊是堅守線下根基的零售巨頭，一邊是崛起於雲端的互聯網新貴。大潤發，作為零售版圖中的堅守者，正試圖在這場變革中尋找新的航向。

　　大潤發正處於轉型，我們亟需線上的流量。因此管理層決議把公司出售，我們同時與騰訊、阿里巴巴和蘇寧集團三家潛在買家接觸。這三家企業的身影頻繁穿梭於談判桌前，每一次會面、每一場交流，都承載著大潤發未來的走向。

　　其中，蘇寧集團給我留下了深刻的印象。與騰訊和阿里巴巴不同，蘇寧易購的業態更接近大潤發的線下業務模式，而非純粹的互聯網起家。這種相似性，讓我對蘇寧產生了一種天然的親近感。蘇寧的成長路徑與大潤發有著驚人相似之

處。蘇寧從線下空調專營的小公司——蘇寧家電起步，一步一腳印，逐步實現了線下線上的完美融合。這一路的艱辛與輝煌，恰似大潤發多年來摸爬滾打的縮影。

蘇寧集團的掌舵者張近東董事長，27歲懷揣著滿腔熱血創立了這家公司，憑藉著非凡的謀略與毅力，帶領蘇寧走向了輝煌。回首2007至2013年那段時光，張近東董事長穩坐富比士江蘇首富的寶座，商業實力可見一斑。

大潤發彼時在零售版圖中有著獨特的堅守，當眾多大賣場紛紛捨棄家電生意這塊「硬骨頭」時，它依然保留著這一板塊，成為行業內少數的堅守者。然而，命運的齒輪在悄然轉動。

後來大潤發花落阿里巴巴，是當年全球零售行業最大的併購案。塵埃落定之後，時任阿里巴巴CEO的張勇提出一個大膽設想：能否將線下家電生意交予蘇寧打理？畢竟阿里巴巴與蘇寧互相持股，關係緊密，他願意出面促成這一合作。這一提議，宛如一顆投入湖面的石子，在行業內激起層層漣漪。

在與蘇寧洽談合作的過程中，我有幸與蘇寧的團隊深度接觸。他們身上那種對零售的執著、專業的素養，尤其是技術部同仁展現出的紮實功底與敬業精神，讓我深感共鳴。每一個瞬間都讓我意識到，蘇寧的經驗土壤與我自身多年積累

的經驗種子，能夠在此處生根發芽，茁壯成長。

當阿里巴巴完成對大潤發的收購後，職場的橄欖枝從四面八方伸來，京東等知名企業紛紛向我拋出邀約。然而，經過深思熟慮，我在2018年11月毅然選擇加入蘇寧集團。總裁熱情洋溢地歡迎我，我初入蘇寧便如沐春風，沒有繁瑣的束縛，沒有刻板的限定。我以執行總裁助理的身分開啟在蘇寧的新征程，同時心裡默默盤算著如何精準定位，找到最契合自己、為集團創造最大價值的崗位落地生根。

機緣巧合下，我發現蘇寧內部的研究院正亟待一位領路人。原院長的離去，讓這個部門如同漂泊在大海中的船隻，急需一位掌舵者引領方向。若由我挑起研究院院長這一重擔，說不定能闖出一片新天地，還不會打亂集團其他部門的節奏。於是，我鼓起勇氣毛遂自薦，扛起零售技術研究院院長的大旗，內心懷揣著一個宏偉願景——助力蘇寧成為科技領先的智慧零售企業。我深知，這意味著要規劃出具有前瞻性的系統平臺，巧用資料的力量反哺業務，全方位提升集團智慧化的經營管理能力，為集團邁向新十年的發展奠定基礎。

初到研究院，手頭資源有限。當務之急是充實智庫力量，我大刀闊斧地對內部人員結構進行調整，在人才市場廣撒網，將全球前五十強名校的畢業生招至麾下。他們年輕的

頭腦、尖端的知識，為研究院注入了新血。我也積極聯絡具有頂級諮詢公司背景的資深顧問，以誠意打動他們加盟，帶來豐富的行業洞察與實戰經驗。但我明白，這還遠遠不夠。想要讓研究院真正成為行業智慧的匯聚地，必須打破邊界，連接外部。於是，我四處奔走，牽頭搭建去中心化全球開放研究社圈，力求將頂尖科學家的尖端智慧、頂尖大學的優秀成果、顧問公司的前瞻技術資訊等一一收入囊中，為蘇寧的零售科技之路鋪就堅實基石。

當時我們在美國加州有一個美國研究院，由唐院長負責。有鑑於需要更尖端的力量，2019年年初，我們決定跨越太平洋，安排幾位高管去了加州。那次行程，如同一場思想的盛宴，至今仍記憶猶新。

我拜訪了中國最大的社交媒體公司騰訊在美國的AI lab，因為我迫切想要了解美國與中國兩邊如何協作完成案子。

我拜訪了當時全球市值最大的科技公司微軟，微軟亞洲研究院的成功經驗是一座燈塔，照亮我們前行的道路。他們研發的「微軟小冰」，基於2014年提出的情感計算框架，透過演算法、雲計算和大數據的綜合運用，逐步構建起一個完整的人工智慧體系。這不僅是微軟全球當時重點產品線之一，其研發實力令人震撼，更是情感計算領域的堅實基石。

在Facebook，我們看到了另一種力量。其開放的企業文化，受到馬庫斯·白金漢「揚長避短」理念的影響，員工可以自由轉換崗位，只要與主管達成一致，便能開啟新的旅程。這種機制，讓員工的熱情如潮水般洶湧，極大地提升了企業的向心力。我還記得，Facebook為員工提供免費餐飲與飲料，這種細節之處的關懷，極大地提升了員工的歸屬感。

那次參觀中，我遇到了Amy，一位在美國出生的華人，也是我創業初期的實習生。她從我的小企業出發，最終在Facebook找到了自己的位置。我們在Facebook辦公室合影留念，那一刻，我無比驕傲。那些優秀的年輕人，從我的創業團隊走向世界級大企業。我們在Facebook的辦公室拍照，我對當時的景象懷念不已。

在亞馬遜，我與Amazon Go的首席演算法工程師深度交流。Amazon Go是尖端的無人零售商店，結合了雲端計算、機器學習、電腦視覺、感應偵測器等科技，這項「拿了就走技術」（Just Walk Out Technology），店內的相機、感應監測器，以及背後機器演算法會辨識消費者拿走的商品品項，並且達成當顧客走出店面將自動結帳。這趟訪問後來也間接促成我後來在AI應用於零售商品識別的研究，後續還發表了包含《Real-Time Efficient Retail Object Recognition》在內的多篇科研論文，也包含我後來發佈在 https://www.nature.com 的

《Smart retail SKUs checkout using improved residual network》，並出版《2019中國智慧零售門店數位化白皮書》，為當時最完整的門店數位化典範，並獲中國管理界權威的第三屆「拉姆・查蘭管理實踐獎」。

就在我們探索科技前端的同時，蘇寧的社區便利店——蘇寧小店，正面臨著巨大的挑戰，蘇寧小店的虧損成為集團的沉重負擔。我主動請纓，加入蘇寧小店3.0小組，試圖帶領這個項目轉虧為盈。我深知，峰終定律——由2002年諾貝爾獎得主丹尼爾・卡內曼提出——將是我的關鍵武器。它告訴我們，人們對一次體驗的記憶，取決於「高峰」和「結束」時的感覺。

我們決定從「峰」和「終」兩個維度入手。在「峰」的部分，增加即食商品佔比，引入更多便當熟食，增加果蔬半成品，創新低卡低糖食品，全方位滿足顧客需求。優化商品陳列，使其整齊、好看、方便拿取，重點關注不同群體的需求。

在「終」的部分，顧客離開時給予最大關心，收集回饋，優化服務流程，為老人提供送貨上門服務。培育自有品牌，加強品牌合作，迎合顧客對便捷和個性化的需求，推陳出新商品包裝。

最終，我們所組織的小店3.0小組在便利店中設了一個

食堂，打破了「社區店」在消費者心目中的負面標籤。我們發現，80-90後是蘇寧小店的核心人群，他們開放、願意嘗試新事物。針對這一群體，我們設計了符合年輕人需求的小店，強調「好吃＋環境好＋服務好」的理念。

我們在南京開設了兩家示範店，很快成為全中國業績最好的小店。我們把這兩家店的模式從南京複製出去，讓更多小店學習。那一刻，我深知，我們不僅在商業上取得了成功，更在情感上也贏得了消費者的認可，甚感欣慰。

智慧零售的思路已經逐漸成型。我在思考如何在多樣性的場景中，以智慧科技為手段，滿足個體使用者的商品、內容和服務需求。諸如：場景化服務，利用差異化的場景提供多樣化和個性化的產品與服務；個性化服務，利用新技術提升使用者體驗，滿足消費者個性需求。簡單來講，我想以人為本，以消費者的個性需求為出發點，以優質服務為中心，並重新塑造價值鏈的關係：從「生產—零售—消費」到「消費—零售—生產」，最終達到全天候、全地域為消費者提供超出預期的服務。

在時代的脈動中，智慧零售幾乎是每個需要轉型的零售企業所追逐的星辰大海。我嘗試思考我們能不能在生態鏈中扮演角色，做一個全品類、全管道、全客群開放零售生態圈。一方面，將我們的數位化能力如同播撒的種子，賦能

給其他零售企業，助其扎根成長；另一方面，為集團帶來額外的營收。由於能創造新收入，很快得到集團認可。我們組成一個智慧零售團隊，團隊除了原有的研發人員之外，也多了銷售及顧問。我也成立了亞太智慧零售產業聯盟，並自己擔任理事長，願意將這幾年對智慧零售的沉澱分享給整個行業，在行業裡產生了很深刻的影響，並給集團創造新的收入。蘇寧對於零售行業的同業來說，不僅僅是一個大型的零售企業，還是領先的零售數位化公司，是行業的智慧大腦。希望成為一艘數位化巨輪的掌舵者，引領著行業前行的方向。

2021年年中，集團由於前期投資大量企業，包含恆大地產、螞蟻金服、收購萬達百貨，以及快速擴張的影響，企業的資產負債率、應收票據及應收帳款情況也呈現一定的波動性。這些波動，如同海面上的驚濤駭浪，被媒體報導之後，宛如滾雪球效應，很快在市場發酵。蘇寧易購的主營業務當時面臨新的挑戰，現金流也受到滾雪球的影響，使集團陷入危機。這場危機，如同一場突如其來的暴風雨，我也展開了新的篇章，離開了蘇寧。

在蘇寧的日子裡，忙碌而充實。每一個挑戰都是成長的階梯，每一次突破都是前行的動力，能書寫屬於自己與蘇寧共同的商業篇章，我心懷感激。這是一場從「硬骨頭」到

「智庫力量」,再到「堅實基石」的進化之旅。而我,作為這場變革的親歷者和參與者,將在時代的浪潮中,繼續書寫自己的故事。未來,我堅信,智慧零售將在更多場景中綻放光芒,而我,也將在這片星辰大海中,繼續探索前行。

第二部

意外患病

從高光到低谷

我在中國日子幾乎是我的高光歲月。

2011年,我和太太共同創立了一間聲譽頗高的電商企業,我是台灣人,太太是香港人,我們一起在異鄉奮鬥,並拿到了幾筆風險投資。最早的投資是來自於一位天使投資人,是我在過往商務上認識的長輩。

2014年,企業遇到發展瓶頸,留下太太帶一組團隊經營。我則帶領另外一個團隊加盟大潤發,一家在香港上市的零售企業,擔任技術部總經理。我在這企業工作五年,並在市值高點把企業出售給阿里巴巴。當時是全球零售業最高價格的併購案。

2018年,我加入了中國最大零售集團,蘇寧易購,地處南京,擔任執行總裁助理及研究院院長,並受邀擔任亞太智慧零售產業聯盟的理事長,意氣風發,經常上財經類電視媒體,並帶領著一群優秀的博士研究員,但每週工作六天,下班也幾乎是十點,只在乎事業。

2021年,這個龐大的集團企業突然陷入財務危機,上了好幾週的經濟頭條,我依照公司的要求陸陸續續裁了一些員工,直到7月,自己也離開了。

生活瞬間失去了重心,覺得自己是個愚蠢的失敗者,不

知道當時為誰奮鬥為誰努力。過往來尋求合作的企業太多，都交由助理來應對過濾，樹倒猢猻散，2022年前後，這些電話和消息幾乎消失殆盡。

為了找到重心，我在南京的東南大學重拾了學業，在儀器科學與技術考了一個博士，同時我和太太開始久違的旅行，旅行時間陸陸續續將近一年，我們遊歷了歐洲大部分的國家。

我開始在太太的公司工作，接了一些年營業額十億左右的企業諮詢工作。過往這些企業主因為規模過小，甚至都很難與我接觸上。現在他們成為了我的客戶。心境上很難調整，但也逐步接受現實。

重要起伏折回是從2023年10月份開始，我在深圳工作時，意外發現自己頸部附近有淋巴腫大的現象，從不在意，直到長成兩公分大小。憂心在深圳醫院看診，懷著紛雜的心境到上海瑞金醫院就診，我們在上海有房子，至少有個住處可以仰賴。

瑞金醫院的醫生表示要開刀取腫瘤出來化驗。我想選擇我熟悉的地方開刀，我對故鄉的思念突然升溫。我和太太說，我們回台灣檢查，不想在上海開刀。

第一次被通知淋巴癌

我返回台中沙鹿老家。從我中學開始就已經在台中沙鹿，雖然是家，但是對我來說也像異鄉。我曾經是鄰里親戚的驕傲，我在英國取得碩士學位時，堂兄弟們集資做了一個匾額恭喜我。但是我甚少回鄉，與親戚關係也疏遠。

到台中榮總看病時，很快就被安排了開刀取腫瘤。耳鼻喉醫生看到開刀的結果，試圖安慰我們，要有心理準備，應是淋巴癌。並把球丟給了血液腫瘤科醫生，血液腫瘤科醫生是位名醫，享譽盛名。他堅信我是淋巴癌，但是最後病理科報告讓他陷入徬徨。病理師的報告寫著 favour to lymphoma（傾向是淋巴癌），但並沒有確診為淋巴癌。醫生給我們的方案是每兩個月回診一次。

內人詢問有沒有其他可以更積極的治療方式。醫生思考片刻之後，提議可以換一家醫院重新切片檢驗，得知我們熟悉香港之後，建議我們若有資源可以在香港瑪麗醫院治療。醫生之前在學術會議上與香港瑪麗醫院有過交流，認為成績不俗。而且著手寫了到瑪麗醫院的推薦信。這其實是一個信號。

第二次被通知淋巴癌

　　由於我們離開台中榮總之後，在網上查了大量的資訊，想換個醫院跟醫師，但是眾多的推薦讓我們陷入抉擇困惑，一度想換到中國醫藥學院。

　　俞姓友人在上海浦東一個台商教會，他曾經是我的財務顧問。雖然分屬不同教會，他得知了我的狀況，非常耐心地給予建議。

　　「去台大吧！我找人幫你掛號。如果你考慮台中榮總、中國醫藥學院，那會有很多選擇，但那些都是第二名的選擇，但第一名的選擇只有一個，就是台大。」他說。

　　相對於台中，台北我們更陌生。雖然我在台北待過一陣子，但是我們沒有固定住所，而且台中的家人不易照顧到我們。但這位俞姓友人，我們一直信任，而且內心深處響起的聲音，告訴我應該選擇最好的醫療資源。

　　很快地俞姓友人告知我們掛上了台大副院長的號，而且是第一號，我們感到開心。

　　當天早早就到醫院等候，俞姓友人也趕過來陪我們。台大副院長專攻頭頸癌，看過我們從台中榮總帶過來的資料，並親自觸摸我的腫瘤說「淋巴癌」。輕描淡寫的話語又讓我們家庭陷入深淵和擔憂。

他也果斷安排開刀,並安排我們掛號到一位血液腫瘤科的蔡醫生。

第三次被通知淋巴癌

蔡醫生比較年輕,一開始我們有所猶豫,但是他積極的態度很快打消我們的疑慮。他解讀了開刀結果,病理師在檢查報告上寫著 favour to lymphoma(傾向是淋巴癌),雖然和台中榮總的報告相同。

但是蔡醫生告訴我們,我們這裡是台大,台中榮總檢查不出來,不代表台大檢查不出來。而且依據他在台大執醫多年的經驗,當病理師判斷 favour to lymphoma(傾向是淋巴癌),雖然沒有果斷確診是淋巴癌,但就是淋巴癌,他與病理師合作多年,沒有例外。

我們奮力向前奔跑,以為跑著跑著就可以脫離困境,但是仍被告知前方仍是困境,沒有兩異。

「除非你中樂透,這機率差不多。」蔡醫生說。

我查了一下,中樂透頭獎的機率1/1,398萬,我們幾乎已經準備面對所有的苦難。

在台大的治療之路

每週三或五，我們都到台北看診，治療安排十分緊密，一月份我們就做了數項檢查，蔡醫生不吝嗇給予我們最好的醫療資源，透過正子掃描，發現腫瘤已經蔓延到上半身，蔡醫生也頗為擔心，並安排我們進行一項精密機器檢查，主要是遺傳方向。

因為頗為罕見，機器一般一到兩年才開一次機，用來檢查一些罕見的疾病。我們對此充滿感激。因為台灣健保關係，而我們居然能免費就使用機器，覺得蒙喜與感恩。

有鑑於要經常到台大看診、抽血，甚至隨時有危險需要到急診。我們一度考慮搬遷到台北，在台大醫院附租房專心看病。

但是，從一月份開始，我們經歷了反反覆覆不同的資訊，最後得到的消息是「疑是淋巴癌症，但無法確診。」

蔡醫生耐心地向我們解釋，癌症需要對症治療，不可盲目，盲目是過往的做法。所以還是要確定是哪一型的淋巴癌，否則會失敗。

我們得到的指示，是改用類固醇治療，於是從年前開始就服用類固醇。過年期間醫師休假，醫生還加開了劑量。醫生擔心三週的期間，我的生命會出現不測。

自學淋巴癌之路

　　內人在博客來訂了三千多塊錢的書，都是講癌症的飲食調理，但是隨著諮詢的專家跟醫生越來越多，就有兩派完全不同的意見，或是多派。

　　例如西醫就告訴我們，隨便吃！開心就好。

　　然後我打算把中醫的意見告訴他，西醫就說，經過調查，相信中醫的人死亡率高50%。

　　二月份開始，我們在中國醫藥學院找到一位中醫師，打算中西醫併行。我們把西醫的意見也告訴他。中醫的意思就說，有些年紀大的西醫接受不了，但是相信中醫的人治癒率高50%。

　　中醫還指導我吃不同顏色的蔬菜，不要吃生猛的動物肉，例如鴨跟鵝。

　　我們就在一連串各種不確定性之間找確定，但真的困難。

　　後來我們找到一條可以信賴的路徑，就是在國外的醫藥期刊上自學，自己科普自己，一些生澀的英文交給ChatGPT來翻譯。

　　但是隨著我們了解越深入，越發現時間變得非常奢侈。

醫生研判是AILT和PTCL-NOS其中一種，屬於淋巴癌T型，AILT五年生存率大約在30%到40%；PTCL-NOS五年總生存率低於30%-50%。雖然沒有證據顯示是哪一種，但是幾乎就是這兩個的其中一個。

當時覺得天昏地暗，很多委屈都在心中難以釋去。我平時行事正當，不害人，怎麼就斷了我的路。

人生百味

雖然我從2021年退下一線商業戰場之後，過往那些在我身邊圍繞著的企業家都消失殆盡，到了2024年，已經幾乎沒有人在和我聯繫。

在台大開刀取腫瘤期間，培宇來見過我，當時我氣力仍好，還到台大醫院樓下的餐廳一起吃麵吃餃子。我們是二十幾年的好友，在海軍服役期間認識，後來彼此都結了婚，培宇在竹科發展很好，在新竹買了兩間漂亮的大房子，有著溫馨的家庭，妻小都很美滿。

Simon也來看過我，他是我在台北念大學時的房東，當時他以低於市價的價格把房子租給我。他喜歡泡夜店，他媽媽經常來過問我兒子去哪裡，我當時都要設法解圍。

他們是唯二主動來探訪我的友人，而且我們都是少不更

事,沒有任何社會包袱時結識,沒有想到他們至今仍關心我,即便我離開台灣近二十年。

Bill在一家大型上市公司當高管,每天忙得跟陀螺一樣,經常往返台灣和墨西哥之間,他接獲任務,為集團在墨西哥建廠,他在百忙之餘一直給予我關懷,而且克服了時差。Bill認為和我之間有瑜亮情結,過往經常與我賭氣競爭,但隨著我在商業世界上失勢,他又成為我堅定的支持者。

內人因為照護我過於擔憂,一度引發了情緒問題,而我也上來了情緒,我憤怒中把她買來的幾本癌症的書籍撕爛,事後又異常愧疚。

她說,她記憶中的我是家庭的支柱,強壯且強大,沒有想到有天也會生病,她頓時失去依靠。

但對我來說,她更像支柱,在我患病期間,上海的公司仍有員工,香港的公司仍在,且陷入虧損。

上海家中仍有兩隻小貓,一位教會的姐妹一直照顧小貓超過一年。從我們出差開始就一直不在上海的家,直到後期我們幾乎無力返回上海,她仍天天來餵養小貓。

這些都只能仰靠我內人處理。她和我認識她時一樣堅毅,沒有改變。

患病期間,我們找了律師寫了遺囑。

各種誘惑

生病之後，有許多人基於好意，推薦了一些治療方法給我。

稍微科學一點的有活細胞療法、營養療法；還有一些比較偏門的如按摩身體，主張癌症治療藥物會傷肝傷腎，不用去看醫生；買直銷公司的營養保健品；比較偏宗教的也很多，例如喝符水、去拜大師；還有力主我換醫院換醫生的，說自己的誰誰誰就是某醫生看好的。

推薦的人中有的是基於善良，但是自己不會幫你細查是否真實有效，你要自己查證。但有些朋友又過度積極，即便自己未查證，但是卻情緒勒索，要求你一定要去嘗試，並打著為你著想的立意出發。

有些純粹要賺錢。會推薦一些有前景但存在風險和副作用的治療方式，且非正規醫療單位；或是鼓勵你買一些號稱能治療癌症的高價保健品或是民間草藥，還說你不要放棄生命，一定要嘗試。

台灣雖然醫療發達，但是仍存在各種偏方，藉由販賣給病患希望來賺錢。

我被迫要去不同的廟宇拜拜，但是我當時非常堅定拒絕了所有廟宇拜神，即便是得罪人也在所不惜。反而以往很堅

定的內人,開始聽信各種民間療法,我勉勵她要勇敢,不需要相信。

在台大雲林分院進行手術

在台大醫生的安排下,為了能夠更快地取腫瘤進行化驗,我改至台大雲林分院進行手術。雲林是務農城市,從病人的面貌也看出端倪,我見到很多農民裝扮的老先生在醫院看診,和台北不太一樣。

我是最後一個號碼,從上午等待到下午時分。等到醫生見我時,發現我需要手術取出腫瘤,他面露難色,並表示可以安排下次門診進行腫瘤抽針。但是我滿眼都是盼望,因為我等這一刻太久了,急於知道自己是不是得了癌症,又或是何種淋巴癌,而這些只有切出腫瘤才能知道。而若這次不處理,可能又會拖了幾週,還得重新排台北的資源。

我轉述台北醫生的意見,台北沒有資源,所以讓我來雲林手術。雲林的醫生說,台北沒有資源,但不代表雲林就有資源。他應該看病已經超過6個小時,猜想應該是十分疲憊。

雲林分院的設備遠不如台北,可以看到醫生用老舊的機器來確認腫瘤位置。他應該看病已經超過6個小時,但他還

是認真地幫我進行手術。

這次化驗最終仍無法確診為何種類型的淋巴癌，我猜想也許和檢驗科有關係；也許和雲林的設備有關係；也許和醫生過於疲累有關係。

最終確診的事情依舊懸而未決。

病前的首爾之旅

四月二十五日我和內人飛往首爾，靠著類固醇仗身，我想去見一下我的韓國投資人，她是我的天使，也是基督徒，而現在是我的結拜大姐，雖然我們沒有血緣關係，但是我們甚至比家人更親近。

啟程去首爾時，我一度擔心在首爾重症，並擔心最終無法返回家鄉治療。但是這些擔憂只如雲影掠過，見韓國大姐的三天裡，完全沒有發燒。

病徵突顯，轉至香港治療

隨著治療深入，雖然類固醇延緩了某些病徵，但是病徵依舊非常多，從每天的發燒、盜汗、鼻塞、喉嚨痛、疲倦、發癢可以見出端倪。

但我們追隨台大醫生的治療。

直到五月六日我們排上了香港瑪麗醫院。這是一位香港的姐妹在香港幫我排隊的結果。而且台中榮總的醫生當時就肯定了瑪麗醫院的權威。但這些讓我們陷入兩難，一是我們在台大治療已經五個月，擔心去香港得從頭開始，且台大醫生頗為用心；二是瑪麗醫院屬於公立醫院，一旦錯過只能再排。

我們抱持著徬徨的心態，打算飛往香港，落地當天冷風颼颼，見了瑪麗醫院的張教授。張教授花了四十分鐘看診，並看完我們所有的資料，她給了我們完全意想不到的建議。「所剩時間不多，立刻停掉類固醇，並安排後天就進行正子掃描。」

這是個晴天霹靂，完全沒意料中的回覆。

但我們不敢擅自決定，仍飛回台灣，安排了隔天台大的門診，打算諮詢台灣的醫生再做決定。

蔡醫生認為當時他一月份接觸我時，也同樣惶恐，但確實無法確診，並表達他諮詢了一位哈佛教授，翻了台大資料類似的病例，在無法確診之下，只能用類固醇維持生活質量，若是病徵這麼多，病人很快會放棄。若香港瑪麗醫院能斷症，他也歡迎。

當時我心想不能停掉台大治療，香港治療代價太大，語

言不通。於是堅定信念之後通知瑪麗醫院，我們放棄了。

張醫生得知我們放棄在瑪麗醫院的治療，託了兩個護理師打電話給我們，一個上午一個下午。我從來沒意識到公立醫院的服務這麼好，他們理應希望病人越少越好。

護理師轉達，你仍年輕不要放棄，瑪麗醫院有信心治好你。

就在忐忑之間，我們去看了香港的私家醫院，醫生說，若是瑪麗醫院收你，不要有第二考慮，瑪麗醫院是全亞洲最好的淋巴癌醫院之一。

於是我們當天就斷了類固醇，沒想到所有病症一次湧現，幾乎二十四小時發燒，高至四十度，且高燒不退。內人寫信給台大醫師，告知了我們的決定。

由於發燒嚴重，可能無法搭飛機，我五月十日到台中榮總急診室，請求急診室醫生幫助我退燒，好搭上五月十一日早上飛機。台中榮總急診科醫生幫我施打了點滴整夜，只能勉強降到38.6度。

但是這一股勁，讓我萌生更多的生存意念，在我上機前，高燒就退下來，而等到我抵達香港，不到三小時，我立刻又高燒。隨即進了瑪麗醫院急診病房，非常幸運醫院安排了一張走廊上的加急病床給我，非常感謝。

專心在香港治療

　　台大醫院看法與瑪麗醫院一致,認為是兩種可能確診的淋巴癌類型之一,但也提及了NK/T。一種罕見的淋巴癌,醫生說NK/T極惡,應該可能性不高。

　　香港的張醫生第一次看完報告,認為我的狀況嚴重,隨時危及生命。並隨即安排一連串的檢查。

　　在急診病房僅僅待了一晚,隔天五月二十八日醫生巡房時,醫生跟我說明了檢查結果,是淋巴癌末期,一種叫extranodal nk/t cell lymphoma的病。台大醫生認為最惡的那種。

　　「好好在這裡治療,不要再想著回台灣。」張醫生說。日後極可能要進行骨髓移植,幸好我有弟弟妹妹,雙保險,十分感恩。

　　弟弟十分擔心,特地打電話來警告,化療很辛苦,要認真對待。

初次化療

　　醫生計畫做六期的化療,每一期是21天,做完之後再做異體移植。

醫院第一期採用了SIMPLE方案治療我的NK/T細胞淋巴瘤（ENKTCL），據臨床實驗，10例進行終期療效評估的患者中，完全緩解9例；11例患者中位隨訪50個月（15~72個月），2例復發患者因疾病進展而死亡。看起來SIMPLE方案治療對ENKTCL緩解率高，患者生存期長。是不錯的化療方案。

初次化療，比我想像中辛苦，並伴隨著副作用。

化療液一進入身體，就像開啟了某種暈眩的旅程，我的身體變得陌生而遙遠，好像自己正坐在一艘搖晃不定的船上，漂浮在無法掌控的水面；莫名的頭痛；持續打嗝，每三到五秒就一次，甚至影響了呼吸，有幾次都發現自己因為打嗝而喘不過氣來。經常性的噁心想吐，有數次都吐在床單上；胃口跟食慾還是非常差，體重掉了大概10公斤；大量掉頭髮，直至光頭。

由於在我的糞便裡面檢查出一些抗菌病毒。為了嚴防病毒傳染給其他病房的病患，除了對我的廁所進行全面消毒，也對整層28個癌症病房的病患進行糞便檢測。

醫院嚴防病人跌倒。我一直不以為然，認為自己的身體如往昔一樣，但還是低估了化療藥對我的影響。有一晚凌晨2點多，在即將跌倒時，護士剛好進來扶住了我。

化療導致骨髓功能受損引發血小板下降，檢驗數字發現

我需要血小板，兩次輸血小板都配對失敗。血小板低下也容易引起慢性疲倦。

醫院有很完善的診療機制，因此還有臨床心理治療師來院內輔導我的心理狀態；我本身有腰椎間盤突出的問題，醫院也安排了物理治療師給我；除此之外，還有專門針對癌症化療病患的營養師。且醫生會彼此溝通我的病況，這些跨學科的治療大大提高了患者的治癒率。

化療的模式是做一天停一天，做完了將近一個月的化療，最後再做一次骨髓穿刺。為了看病方便，我在醫院附近長租了一間飯店，大概待個20天就會進行第二次的化療。

由於化療如此辛苦，我慢慢能理解為什麼有些病人在承受不了痛楚之後選擇放棄。但是我熬過來了，休息幾日，就準備迎接第二次化療。

第二次化療

第二期的化療，突然改變了治療方案，第一期的SIMPLE換成SMILE。原先我們理解的狀況是，SIMPLE如果有效會持續使用SIMPLE，如果失敗的話就換化療方案。這意味著第一次化療失敗了。

為了更了解自己病情的狀況，我們去了養和醫院，約了

梁教授的時間，打算作為第二意見。這是位享有盛名的大醫生。

我們提供了詳盡的醫療資料，並表達醫生突然改變治療方案的進展。梁教授給的意見比較悲觀，「需要骨髓移植，但沒見過NK/T末期的病人成功走到骨髓移植階段，一般在那之前就會死亡。」我心理有預期，所以沒有感到特別驚訝，打算坦然面對第二次化療。

香港瑪麗醫院的醫生表示，因為癌細胞已經擴散到中樞神經系統，因此建議使用SMILE療程，相較之下會比SIMPLE更合適。我們自行查詢相關資料後發現，SIMPLE的治癒率約為50%，而SMILE只有25%，因此感到相當擔心。醫生安慰我們，不要過度糾結於治癒率的數字，而是要專注於「怎麼把病醫好」。

SMILE化療方案遠比我認知的還要辛苦，住院期間幾乎天天發燒，甚至高達40多度，醫生給了一些抗生素以及普拿疼（香港稱必理痛），用來舒緩我的疼痛狀況。在沒有改善之後，委同細菌科的醫生來會診，改了抗生素的方案，稍微有所好轉。但仍是十分痛苦，發燒的情況也僅僅降到了大約39度。

血壓異常偏低，不論是收縮壓或舒張壓都嚴重低下。早上收縮壓大約只有八十，到了下午甚至降到五十左右。身體

出現嚴重的缺鈉、缺鉀情況；中心白血球幾乎降至零。食慾極差，導致體重迅速下降。經常毫無預兆地嘔吐，有時甚至吐得滿床都是。

也由於指數過低，醫生擔心我下床容易跌倒。我只能在病床上解決自己的大小便問題。屢次因為精神不濟，把盛尿的尿壺打翻。而且醫院最擔心的狀況之一，跌倒，終究還是發生在我身上，我意外在病院裡摔倒，不小心撕扯了安裝在身上的心臟導管，且險些致命。醫生也趕緊安排了抽腦髓檢查，確保我的狀況。

由於身上的肌肉已經耗盡，無力下床。物理治療師來見我，幫我量身訂製了一個護脊，我戴上護脊，她帶著我在院內走路。從來沒想過自己居然沒有辦法保持太久的平衡，連走路都為難。

但最難受的一次，是出現失溫的情況。全身冷得發抖，體溫降到34度以下。最後在醫護人員的協助下，透過暖風設備，體溫才勉強回升到36度左右。那段經歷我至今仍記憶猶新，當時感覺極度難受，心中充滿恐懼。

第二次化療真正體驗到自己的身體不由自主，一切都很難。

有一次，我注意到醫院的淋浴花灑平時是上鎖的，只有在洗澡時間才會開放使用。後來才了解原因──「因為曾有

癌症病人用淋浴花灑的鐵管線自殺。」護士說得很直接，語氣既殘酷又務實。

第二次化療的經驗痛楚且深刻。因此當我結束化療時，我立刻安排和家人拍全家福照片，為此，台灣的家人們特地來香港見我，拍照當天正巧是七夕。我也同時做了最壞的打算，如果養和醫院醫生的壞消息屬實，那麼至少我和家人留下幾張可以流傳下來的照片。

除了做了最壞的打算，其實心裡也醞釀著冀望，我深信自己會好起來。

第三期化療

第三期化療依舊沿用了 SMILE 方案。醫生表達了一個觀點：原本計畫完成六期化療，若身體狀況允許，可考慮進行異體移植。然而，醫院目前採取的是見步行步的方案，通常很難走到第六期，能完成第三期化療已屬不易。

我不確定是醫院過於悲觀，還是醫生描述了最壞的情況，但我始終樂觀面對。這次化療期間，我持續高燒四天，身體反應與以往不同，彷彿登山者遭遇山難般畏寒，毫無食慾，體重不斷下降。由於無法進食固體食物，只能勉強喝些專為癌症患者調配的營養奶維持體力。此外，我還出現了類

似面癱的症狀，嘴歪眼斜，疑似化療的副作用。癌細胞已嚴重侵襲肝臟，醫生擔心肝臟功能受損會影響後續的骨髓移植，因為骨髓移植需要確保所有器官都處於健康、可接受移植的狀態。

更糟糕的是，這次還發生了比第二次化療更嚴重的跌倒事件。2024年9月13日凌晨，我起身時雙腿無力，突然摔倒在地，數分鐘內無法起身。在掙扎爬起的過程中，頭部受到重創。那一刻，我只能無奈地躺在地上，等待體力恢復，而求救鈴卻離我很遠，護理人員也無法察覺我的狀況。病人跌倒並撞到頭部是嚴重的事故，許多護理人員為此寫了報告進行檢討。我既氣憤自己的身體無力，又深感愧疚。

除了化療，此次還安排了放射治療（電療）。據我了解，電療是透過直線加速器發出高能量輻射（X光），殺死癌細胞或阻止其增殖。醫院透過設備掃描了我的面部，並製作了一個專屬的人形面具，進行了數次頭部電療。同時，根據我體內癌細胞的分佈情況，還進行了數次全身電療。

在第三次化療中，醫生也表達了他的看法：無論是第一次的SIMPLE化療方案，還是第二次的SMILE方案，效果都不甚理想，甚至可以視為失敗。但他也安慰我們，每個患者對化療藥物的反應都不同，要我們不要放棄。

現在，我們期待第三次化療能降低體內的病毒，尤其

是EB病毒。若能將其降至零，就符合異體移植的條件。因此，在第三次化療期間，必須密切關注身體的副作用以及對化療的反應。

第三次化療果然如預期般艱難。由於我體內血小板大量缺失，且容易對輸注的血小板產生排斥，幾乎一直在進行檢測和輸血小板的操作。血小板、血紅蛋白、中性粒細胞都極低，近乎於零，身體幾乎沒有任何抵抗力。

10月底左右，醫生安排了一次導管手術，從心臟位置接出一根導管。第一次看到自己心臟附近多了一根導管，那模樣令人觸目驚心。護士為我清潔導管介面時，我都不敢直視。

第三次化療與前兩次一樣艱難，治療方案安排得非常緊湊，常常導致休息和睡眠時間嚴重不足。得知前兩次化療都未能取得預期效果後，家人們對治療的信心也在第三次化療期間被擊潰，終日以淚洗面。

重化療及骨髓移植

弟弟和妹妹都參與了骨髓配對，最終發現弟弟的骨髓更為適合。為了這次捐贈，他特地從公司請了很長的假，從台灣飛往香港，將骨髓捐給了我。我難以想像一家企業竟會允

許員工請如此長的假期，更對弟弟願意為我付出的決心深感動容。

這次住院治療與以往大不相同，同時進行了重化療和電療。若一切順利，隨即將進行骨髓移植。我深知，這將是一場艱難的戰役。

在治療期間，我經歷了高燒與低燒、高血壓與低血壓的極端波動；骨髓移植後，由於出現排斥反應，我的糞便呈現異常的綠色；口腔完全潰爛，無法進食，醫生只能透過靜脈注射營養液來維持我的生命。即便如此，我的體重仍從病前的85公斤驟降至71公斤。中性白血球數量基本為零，我幾乎失去了所有的抵抗力；肝臟受到排斥影響，指數極差；腹瀉嚴重，數次因劇烈疼痛而感到昏厥窒息；身上長滿了瘡，瘙癢難耐，但只要一抓就會流血不止；長期臥床導致肺部功能失常，呼吸變得異常困難；身體肌肉大量流失，我已無法正常站立；味覺喪失，食物在我口中皆無差異，頂多只能感受到甜與苦；清醒的時間極少，大約只有6到8小時，大部分時間都處於昏沉狀態；身上還出現了病毒，醫生擔心可能會併發腦炎。

由於同時輸注的點滴數量實在太多，最多時竟有10管點滴同時注入我的身體。為了確保這些液體能夠排出，醫生還為我安排了利尿。那時，我的身體彷彿千瘡百孔，像是被

戰鬥機轟炸過一般。內人說，我的點滴看起來就像是聖誕樹上的裝飾，而我的聖誕禮物是一張「一百天挑戰卡」。

醫生告訴我，只要熬過這一百天，異體移植就成功了一大半。我告訴自己，要一天一天地熬過去，熬過一天就畫一個圈。

為了應對這些副作用，醫生為我開了許多藥物。由於點滴液體過多，我的身體出現了嚴重的水腫，體重增加了近十公斤。為了緩解我口腔潰爛和劇烈疼痛，醫生甚至為我注射了嗎啡。有人建議我看劇來打發時間，但事實上，我連集中精神看劇5分鐘都做不到。在疼痛與藥物的折磨下，我根本無暇顧及其他。

生病期間正好碰上生日，內人送我一張生日卡，卡片上寫著：「為你撐傘。」簡單的一句話，卻讓我格外感動。

弟弟來探望我時，就住在我租的公寓裡，那裡離醫院很近，方便他探視，也方便他休息。幾天後，他卻告訴我，他不想再來了，因為這一切實在太難受了。他說，雖然他知道骨髓移植會很痛苦，但哥哥所經歷的痛苦遠遠超出他的想像，他實在沒有勇氣再來面對。

骨髓移植期間，最煎熬的時刻是第一天、第二天和第四天。那幾天，我同時出現了高燒、低燒，血壓時而高得嚇人，時而又低得不可思議。醫生此前就預估可能會出現許多

排斥反應，為了避免生命危險，他們為我注射了救命針——那是一種昂貴的維持生命跡象的藥物。原本計畫用一針，最後卻用了三針。

在生命最脆弱、最危險的時刻，我趁著弟弟和內人在場，交代了後事。我做了最壞的打算，但心中仍懷著一線希望。

就是在這樣極度困難的情況下，我完成了電療、第四期重化療，以及骨髓移植。我已經見證了自己完成骨髓移植的階段，雖然仍未康復，但這已經是兩位私家醫院的資深醫生從未見過的奇蹟。

我走過的這段荒野，已是無人來過，其中的冷暖，唯有我自知。

曾經，我的願望是成為一顆恆星，發出明亮的光芒，不僅照亮自己，也能照亮身邊的人。我以為，光芒應當是無限的，自己必須閃亮。然而，如今我想通了——即便不能成為恆星，只要曾經努力過，哪怕只有幾個人記得有那麼一個人曾努力去照耀他人，那就足夠了。

返回家中靜養

原本計畫在病床上待夠一百天，醫生認為一百天是一個

關鍵指標，當一百天安然度過，表示身體抗排斥的狀況已經得到階段性進展。

所以當醫生臨時通知我們可以離開醫院，回到家中靜養，改為每週到醫院回診。我們不知道還有這個選項，因此，事發突然，尤其對家中須營造無菌的環境挑戰特別大。

我們選擇一個在醫院附近的老舊社區居住，社區的主要居民是老人為主，陪伴老年人的外籍幫傭會陪著老人散步，感覺時間特別悠閒。景色也很好，社區的園丁把植物照顧得特別好，勤勞的園丁也是老年人，他們幾乎每天早起照料，也使得社區的環境吸引了鳥類駐足，我經常看見老鷹在天空盤旋。窗外能見到山與海，感覺是養病的好地方。

由於身體狀況不允許，在醫生的指示之下，我終日只能待在家裡，避免外出被病菌感染。對於食物的要求也高，一定要求所有食物全熟，基於如此，我幾乎不允許吃外賣，只能仰賴內人自己烹調。

鑑於內人幾乎全職照顧我，我們的生活也隨之大幅轉變。在我生病之前，我們曾在六個不同的城市生活過。為了讓生活更簡單，我們決定做減法，將六個城市的家具全數搬回香港。據她統計，大概有一千公斤的家當（不包括家具）被運送回香港。整個國際搬家的事情我完全沒參與和幫忙，全由內人一手操辦。我們也正式結束四海為家的日子。

即便返回家中，病情也不如想像中樂觀，仍然有許多副作用，於是最終就是現實的理想與爭取，照顧我的看護者由醫院的護理人員變成了內人，對太太來說，工作一點也不輕鬆，被拉回到現實之中，直接面對一個更蒼白的過程。

　　我們在這種生活中養育著人生的希望，過了一百天之後，還要再度過半年，兩年後沒有復發，這個病情才算是有個頭。

　　生病之後，我有一個最簡單的哲學應對方法，就是不考慮太遙遠未來的事情。當你的身體千瘡百孔的時候去考慮未來，反而會加深自己的壓力。不如告訴自己，此刻的痛就熬過去吧，熬過這次的痛苦就可以了。這樣反而很簡單，一天熬過一天。

第三部

患病日誌

1月9日, 2024 3:30:28 下午

雖然現在才開始寫2024年的願望有點晚了，但是還是寫一下：

》第一個願望：身體平安

從去年十二月份開始在台大醫院看診之後，感覺一切都有信心。

一月十一日做骨髓穿刺檢查，同時配合中醫調理。期間得到許多人的幫助。

你問我有沒有擔心害怕，沒有！擔心是個屁，我一天放好幾響。

》第二個願望：寫一本關於商業認知的書

我寫過很多亂七八糟的書，有散文、有小說、有留學日誌、有探訪蒐藏家。這些書籍的下場無一不是滯銷，除了佔用出版社倉庫，以及浪費樹木之外，對於世界的貢獻有限。

有鑑於這幾年的機遇。結識了很多特別成功的人，我從他們身上學到很多。想趁著自己有點力氣，把自己知道的事情寫下來。而且這次的心願立得大一點，這次希望寫一本英文書。

》**第三個願望：拿到我的博士學位**

如果順利，沒有意外的話。

今年已經在國際期刊上發表三篇論文的我（第一作者），應該可以順利畢業。

雖然這個學位對小弟我的事業沒有啥助益，我也不走學術路線。

1月11日, 2024 4:33:55 下午

剛開完刀仍帥。

1月22日, 2024 5:48:29 下午

一、關於吃

　　我的太太海瑞斯同學在博客來訂了三千多塊錢的書，結果貨來了都是類似的東西。於是我們就開始依照書籍的內容來調整飲食。但是隨著諮詢的專家跟醫生越來越多，就有兩派完全不同的意見，或是多派。

　　其實西醫就告訴我們，隨便吃！開心就好。

　　反正，書籍裡面的部分意見還是相左的，所以很難總結一套經驗。

　　我比較傾向採納西醫的意見，隨便吃！開心就好。

　　來探病的沒有一人帶酒跟雞排來，都帶一些很貴的櫻桃之類的。

　　我感到很惋惜。（菸）

二、關於醫院

　　其實我們換了三家醫院，最終才定下來。其中第一家醫院的醫生對我做了很多心理建設。明明看的是血液腫瘤科，感覺有點像是看了身心科。第一個醫生大概的意思說，你現在幹什麼都沒用處，因為就是要等檢驗報告才清楚要如何治

療。讓我們放寬心去休息，不要上網看，不要看過多的書籍，不要過度焦慮。

因為感覺可能這位醫生比較擅長治療病人心理。所以換了醫院和醫生。

第二家醫院是一位基督徒朋友推薦，他說癌症這種事情，只有第一名，跟第一名以外。所以就是要選最好的醫院，那就是台大。就是他的意見，讓我一天到晚往台北跑。但是等到我往台北跑之後，他又說沙鹿弘光大學出來的護士小姐比較正又溫柔。（下次可以一口氣說完嗎？）

最後遇到一個很年輕的醫生，這位醫生安排的檢查都極高效，沒有安排心理治療，直接住院，直接找原因。最終雖然又有其他朋友推薦了醫生，但我還是傾向信賴這位年輕的醫生。

我後來上網查了，這人還曾經是雄中的榜首，有點厲害。

三、探病的朋友

我發現來探病的朋友跟我結婚時宴客的朋友居然是同一群人，看起來是孽緣。但是我結婚的時候只請了一桌朋友，看起來孽緣綁得比較深。

但是他們祝福的方式比較特別。

例如，放心好了，禍害遺千年。你會長命百歲的。

例如，我們等一下去喝酒唱歌，唉呦，好可惜你住院不能去。

例如，你先把護士的照片傳來看看。算了，感覺你那個醫院的護士年紀偏大，我先不過去了。

例如，我帶好吃牛肉麵過去。然後拍了一張牛肉麵店沒開的照片過來。

四、人生導師

因為住院比較有時間，有朋友順便向我諮詢一些人生方向，或是小孩教育等等雜七雜八問題。問題是向我諮詢人生方向的人本身很成功，不知道為什麼要諮詢我；問題是諮詢我小孩教育的朋友，不知道有沒有考慮到我根本沒有小孩。

還有一些順便來談商業計畫，希望我做點投資的。說平時都約不到我時間，真的是很務實的朋友。

2月25日, 2024 10:33:34 下午

這是一篇討拍文。

今天有個朋友告訴我,你之所以能存在,是因為你祖宗基因好,所以過幾千年,你才能夠來到這世間。

因為基因不好的,早就被淘汰了,不會有後代。

接著他開始炫耀自己的小孩多優秀!

請問:是不是因為我基因不好,所以沒小孩,我要被淘汰了?

3月5日, 2024 11:37:12 上午

為什麼我選擇在台大醫院看病，台大醫院離我家很遠，又不方便。

但吾友俞老闆告訴我，在台灣看病只有第1名跟第2名以外的選擇。

台大醫院就是第1名，如果是第2名的選擇就會非常多，可以是榮總、三總、長庚……或更多。

之前在台中榮總看病的時候，很多朋友熱心地推薦其他醫院和醫生給我。（如果是第2名的選擇就會非常多，果然。）

然後，吾友俞老闆就說，台中是把妹的地方，如果不是圖弘光的護士漂亮，還是要去台大醫院。

關心我的朋友知道我去台大之後，就祝福我，沒人給出其他選擇。

但台大醫院的護士真的年齡層偏大。

3月7日, 2024 8:56:52 下午

心跳125是怎樣？也沒有人性感地在我面前跳舞。

3月14日, 2024 11:19:14 上午

在香港見了一個大醫生，他是利物浦足球隊的球迷，整個診室擺滿了利物浦的各種紀念品。

他花很多時間讀我從台灣帶過來的檢查資料，並且給了很明確的答案。

他斷定就是淋巴癌T型，另外台大醫院醫生認為還有很少部分的可能性是EB病毒感染，被他直接否定了。他還寫下了很多明確的治療方式。

我打算拿這些建議去和我的台大醫院的醫生聊聊，讓他參考一下這些建議。

除了少部分意見和我台大醫生的意見不同，其他部分他都很肯定台大醫院的水平，並表示台大醫院醫療水平很高。

醫生說我因為有兄弟姊妹，最壞的情況就是可以透過兄弟姊妹的骨髓移植保命。

我就說我這人，打暗黑破壞神的時候，最喜歡囤補血藥水跟復活卷宗。所以想弄死我沒那麼容易。

這幾天香港的天氣真好！都有陽光。

3月26日,2024 11:29:23 下午

　　今天又發燒了。（菸）

3月28日,2024 12:07:17 下午

　　連連數科今天在港交所上市,友人過來香港敲鐘,說要約吃飯。

　　為了盡地主之誼,三天前我就悄悄從台灣飛香港,然後連續約晚餐、早餐、中餐、咖啡,討論投資項目等等。

　　然後回家之後,果然又發燒、盜汗。我這身體感覺現在不太可依賴。

3月29日, 2024 7:49:29 下午

買了新鞋,準備晚上去荔枝角公園體育場打球。
然後我又發燒了,又去不了了。
醫生囑咐要盡可能做運動,但基本上做不到。

3月31日, 2024 8:31:22 下午

拚一下,本週來打呼吸道融合病毒(RSV)疫苗。

4月3日, 2024 7:21:21 下午

在香港機場登機前，就收到花蓮地震的消息。

在震驚中抵達桃園機場。

接著去台大醫院看醫生，由於前兩週狀況不佳，在震驚中被醫生安排開刀。

台大醫院開刀資源緊張，在震驚中被安排去了台大雲林分院開刀。

今日見到很多癌症患者，海瑞斯同學去和他們交流經驗。但他們看起來太慘了，全部都很虛弱。

現在我身上的肌肉已經差不多掉光了，去健身房也不會有人跟我搭訕了，雖說以前也沒有。

接著，在震驚中接到香港瑪麗醫院的電話，在震驚中知道自己已經排上號了。

買了高鐵票，在震驚中發現明天是連續假期，沒有對號座了。

可能沒有人知道我在台灣，沒人關心我地震有沒有安全。我震驚我只有接到一通關心電話，對方問我要不要貸款。

4月6日, 2024 9:44:44 下午

　　生病之後，有許多人基於好意，推薦了一些治療方法給我。

　　稍微科學一點的有活細胞療法、營養療法；還有一些比較偏門的如按摩身體，癌症治療藥物會傷肝傷腎，不用去看醫生；買直銷公司的營養保健品；比較偏宗教的也很多，例如喝符水、去拜大師；還有力主我換醫院換醫生的，說自己誰誰誰就是某醫生看好的。

　　推薦的人中有的是基於善良，但是自己不會幫你細查是否真實有效，你要自己查證。但有些朋友又過度積極，即便自己未查證，但是卻情緒勒索，要求你一定要去嘗試，並打著為你著想的立意出發。

　　有些純粹要賺錢啦。會推薦一些有前景但存在風險和副作用的治療方式，且非正規醫療單位；或是鼓勵你買一些號稱能治療癌症的高價保健品或是民間草藥，還說你不要放棄生命，一定要嘗試。

　　哥至今已經換了三家醫院了，我的醫生目前就是最適合我的。目前我就完全仰賴我的醫生的治療方式，我不是人體實驗工具，不會把自己的身體拿去幫助你賺錢。

台灣雖然醫療發達,但是仍存在各種偏方,藉由販賣給病患希望來賺錢。

我的做法很簡單:

1. 所有的意見只聽我醫生的:醫生還稱讚我是楷模病人,每次準備的問題都很專業詳盡,甚至我還整理了一張表,詳細記錄了自己的每天起床時間、入睡時間、用餐情況、症狀、重要事件、喝水量、體重、運動情況、體溫等資訊。
2. 我不用任何未經醫生同意的保健品、草藥、中藥等食療方式:而且哥本身就自己有投資創立一個保健品品牌,來自德國藥廠,不是傻子。
3. 我有能力讀懂 The Lancet Oncology(《刺胳針腫瘤學》):我是準博士,雖然不是醫療健康領域,但是我明白如何查證資訊。
4. 我不加入任何癌症患者的互助群:我每天該開心玩耍,病痛的時候我忍耐,我專心治病。我不需要抱團取暖。
5. 很多癌症書籍我都不信:除非你是這領域的醫生或專家。什麼記者或是資深病患寫的書我都不會相信。
6. 我每天都很開心!

如果你善良，介紹一些治療方法或大師給我，我會參考，也許會採納也許不會，我也感謝你的好意。但為了節省彼此的時間，因為我大部分時間都十分疲憊，只有幾個小時是有精神的，我要聚焦在我想做的事情上面。我會把這篇文章貼給你看。也希望你理解，若不採納，不要互相勉強，也不要情緒勒索。我會活得很好。

4月9日, 2024 12:36:09 下午

　　昨天去的台大醫院虎尾分院，因為台北資源不夠，被醫生安排去雲林取腫瘤進行化驗。

　　雲林是我見過最多田的地方，馬路四周全都是田。而且這些田都是在耕作的狀態，早上八九點，還可以看到有很多農民在田地裡工作。

　　幫我看診的醫生從早上8:30開始看診，一直看到下午兩點多，中間連吃中飯的時間都沒有。

　　醫院裡面的看診病患大概有1/3，是穿拖鞋直接到醫院的。氛圍和台北大不相同。

其中一位老先生。不知道得了什麼病,護士囑咐他已經幫他看了診,希望他能夠在當天去掛血液腫瘤科。

他說忙,先不用掛號了,如果要掛,他會自己處理。(看起來像一位農民)

另外我覺得台大醫院在雲林設分院這件事情對於當地人很重要。

醫生幫我抽組織的時候面有難色,因為當時已經是下午2點多,他應該看病已經超過6個小時,結果台北還安排了一個病患,要來進行手術。

他抱怨,台北沒有資源,但不代表雲林就有資源。但他還是認真地幫我做手術了。

雲林的淳樸震撼了我。我大感震驚。

4月11日, 2024 1:46:06 下午

朋友公司辦公室裡面居然搞了一個健身房。
而且每個器材都擦拭得好乾淨。
但就是沒人使用。
所以我進去拿了一條毛巾擦擦汗。
成為近一個月來,第一個來使用的人。

4月22日, 2024 10:44:49 下午

今天又去台大雲林斗六分院見我的醫生。
不像台北,掛號掛到滿出來。斗六分院簡直就是輕鬆,所以我的醫生很喜歡在雲林看診。
而且我們現在看病的時候已經會喇迪賽了。
「我今天才知道你是做什麼工作的。」醫生說。
我以為他是真的知道,沒想到他說,原來你在鼎泰豐工作。
因為我身上穿了一件鼎泰豐的T恤。
「不是不是,我只是鼎泰豐的腦殘粉而已。」我說。
話說我還有大同寶寶、春水堂、維力炸醬麵的T恤。

4月22日, 2024 10:59:22 下午

我跟醫生說，我查了一些文獻。

不論AITL或PTCL-NOS，五年存活率大約在30%到50%之間，是準確的嗎？

但是考慮到禍害遺千年，我想我這種禍害，應該是可以存活很久很久。

然後醫生立刻說，2015年之後有很多癌症新藥面世，存活率沒那麼低啦。

接著他還說，因為我的病情反覆很特別，台大的腫瘤醫生們會聚在一起小組討論。我的病情在小組內被做成案例探討研究。

接著他稱讚我是非常認真的病人，還把我整理的表格要走。

5月3日, 2024 5:39:43 下午

今天在醫院遇到一個來打疫苗的女生。

護士都會關心自費打疫苗的人做什麼用途。

那個94年的女生就說要去坦尚尼亞。

我心想,就是去看動物大遷徙,團費數十萬,富家女唄。

結果她說去坦尚尼亞當志工。

哥的思想實在太世俗了。

5月11日, 2024 10:08:43 下午

連續發燒39度以上三天,謝謝香港的醫院收我!雖然是加在走廊的病床,但哥已經很感激。

5月13日, 2024 5:31:31 下午

在香港住院，發現這醫院男護士跟女護士一樣多，且照顧我的男護士都比較有禮貌！！

女護士動不動就生氣，特別是知道我要點麻辣火鍋外賣時。

但看到醫院的食物，很難不點火鍋外賣。

5月20日, 2024 6:51:37 下午

今天從瑪麗醫院回來，醫生一改之前的口氣，講話的內容很溫和，上一次講的內容簡直嚇死我，害我一直想，該要把年邁的小貓託付給誰。

大致上的意思就是可控，然後就積極安排了各種治療。

前幾天在辦公室附近，有個正妹在發傳單，我趕緊去關心一下。原來辦公室樓上開了一家健身房，我參觀一下就決定在這裡練習了。

這健身房不知道能活多久，感覺沒啥客人。

但是這已經是我第三家健身房了，三家都要繳費。但是如果我要在香港鍛鍊的話，只能加入（和性感女教練無關，不要抓錯重點）。之前台灣的醫生說要堅持鍛鍊才有抵抗力，我只是聽醫生的話而已。

昨天海瑞斯安排去吃台式火鍋，她說怕我後面沒啥機會吃。結果戰鬥力極差，幹了兩盤肉就不行了。以前都是一人胃當五人胃用，現在只剩下半個胃。喝了一些在台灣都沒見過的台式飲料，例如番石榴檸檬綠茶。我都懷疑台灣有這東西嗎？

上週五晚上九點到十一點，本來想跟久違的籃球隊打球。結果七點就開始發燒，然後不到九點就躺下，結果又打不到球，我之前新買的籃球鞋又派不上用場。

在香港治療期間得到很多很多朋友的祝福，非常感激。

5月27日, 2024 6:29:18 下午

　　明日入院放導管，開始治療。弟弟打電話來警告化療很辛苦。

　　日後有可能要骨髓移植，幸好我阿木多生了弟弟妹妹，雙保險。

　　友人吵著來台大住院部探病。我就說，我在香港治療啊，不在台灣。

　　「總之，到台大住院記得告訴我。」

　　「但是我人在香港治療啊。」

　　鬼打牆對話至少十分鐘。

5月28日, 2024 9:19:13 下午

　　在研究如何半夜偷吃泡麵，而不被護士發現的方法。

5月31日, 2024 2:01:52 下午

眼前滿滿都是後宮等待朕喝的營養品,但朕統統看不上。

就差一碗統一滿漢麻辣鍋,如果有,今天晚上就臨幸。

6月2日, 2024 10:18:44 上午

昨晚頭痛,凌晨被安排腦部掃描。

看來我超高智商這事情,這次瞞不住了。估計掃描結果會呈現出來。

6月2日, 2024 7:24:01 下午

沒有滿漢大餐的情況下，
哥的營養品卻愈喝愈多。
髮型比較飄逸，但無所謂了，過陣子都要掉光光了。
就擔心腋毛也掉，這樣就沒有男人味了。

6月3日, 2024 4:21:38 下午

被要求做一些伸展運動，於是我就在醫院走道上做靠牆靜蹲。
護士嚇壞，我被趕回去床上休息。

6月4日, 2024 12:01:05 上午

今天打的化療藥有兩個感受：

1. 讓我的身體特別敏感

怎麼說呢！我似乎可以感受到我身體血液四處流動。

一開始我以為是地震，但不對，這裡不是台灣，沒地震，且準確形容，像泛舟。

我身體的感受像是正在泛舟一樣。看起來，我賺到了秀姑巒溪的免費泛舟體驗。

只是這泛舟時間有點長，敢情是報名鐵人泛舟賽？

2. 打嗝

我跟護士說：「我一直打嗝。」

護士說：「這是化療藥副作用。可以讓醫生開藥給你，要嗎？」

「要。」我說。

「但是，這藥有助眠效果，有病人吃了，起床尿尿，在廁所摔斷腿。」護士說。

「那不麻煩醫生了，不要了。」我說。

我主要擔心，我摔斷腿怎完賽秀姑巒溪鐵人泛舟。

6月5日, 2024 9:19:13 上午

　　昨天醫院通知我，在我的糞便裡面檢查出一些抗藥性病毒。

　　研判我這個病毒是在醫院裡面感染的，問我過去一年，在哪些醫院住院過。

　　得知沒有在其他香港醫院住院過之後鬆了一口氣。（敢情我從台灣帶過來的？）

　　接著就開始對我的廁所進行全面的消毒，還兩次。然後對整層28個癌症病房的病患進行糞便檢測。

　　哥知道自己的屎有點厲害，但是不知道這麼厲害。曾經以為自己是帶劍走天涯，原來是帶屎拉四方。又解鎖一項奇葩成就徽章。

　　現在護士在我的病房外面貼了警告標示。大俠目前為屎所困。

6月7日, 2024 4:13:55 下午

今天護士來找我,怯生生地拿一封信給我。

終於,又來了,情竇初開的小護士。但哥是已婚人士,只能拒絕。

結果打開是帳單!!!!我翻了一下,帳單裡面也沒有小紙條,只有帳單!!!!

6月11日, 2024 9:08:59 上午

護士一直交代我,不要自己下床,擔心我會跌倒,不管是上廁所還是做什麼的。

我一直當成耳邊風對待,畢竟哥可是擁有三家健身房的會籍,怎麼可能會跌倒呢?

直到前天晚上凌晨兩點多的時候。護士進來,發現我正在使用迷蹤步,就是要跌倒跟不跌倒的中間。

今天早上我又自己去了廁所,被護士發現之後,所有護士全部震怒。

有個護士說要把我綁起來在床上,我只好趕緊求饒。

最近三天都是突然噁心想吐,結果整個吐到床單上。

一天換好幾次床單。

雖然病房只有我一個人,但是我只能在床上,也不能走走,也不能看看窗外的風景。

趙子龍受困長坂坡。

6月11日, 2024 9:04:23 下午

友人阿暈仔,今天來香港見我,帶了非常寶貴的東西。

乖乖!

目前我就把這個放在陽台窗口上,如果護士阻止我,我就告訴他這東西我打死不會吃。

是時候讓他們理解台灣的底層邏輯,不不不,是世界的底層邏輯。

6月12日, 2024 10:14:18 上午

兩次輸血小板都配對失敗,現在醫生在想其他辦法。但是我有件事情沒有跟醫生說,我本身流的血液是龍脈,基本上一般的血小板可能配合不了,但是我如果這麼說估計會震驚世界,所以暫時先低調。

之前有聽說病患接受不了痛苦。原本很堅強地告訴丈夫一定要不放棄,但是最後因為太痛苦了,聽了醫生的意見,選擇自然死亡。

於是我就跟海瑞斯同學說:如果醫生叫你簽署什麼平安舒服,不要痛苦,這種屁話千萬不要答應,一腳踹他就可以了。

但是化療真的好難真的好難啊。看到這麼多朋友祝福我,覺得承受不起這些感恩。

6月12日, 2024 3:08:41 下午

剛剛醫院安排了正妹心理醫生在跟我聊。

聊了大概一個小時。把我的出身背景，原生家庭都問了一遍。

還問我興趣是什麼？我說睡覺，和看妹。

還問我快樂10分，很不快樂0分，我是幾分？我答10分。

她說你生病，難道沒有一點點沮喪，不開心？

我說完全不會啊，天天都開心，治得好最好，治不好就瀟灑走一回，孫悟空撒泡尿呀。

她說你的心理很健康，所以我下次就不來了。

原來遊戲規則是這樣的。

下次的話我絕對會說0分。（泣）

6月13日, 2024 2:23:21 上午

人生巔峰。

護士親手幫我泡了滿漢麻辣鍋牛肉麵。

她說她去過台北高雄,還想去更多地方。

6月14日, 2024 9:13:41 下午

記錄三項新的成就解鎖。

1. 血小板最低到17。
2. 白血球最低不到1,趨近0。

　　上面難關已過。

3. 隨便一碰頭髮就掉。

這幾天不好熬,有朋友推薦我秘方,各種食療,還有保健品,但真實情況是,我所有入口的東西都只能夠經過醫院允許。醫院不允許我現在吃中藥、保健品。

醫生要確保我吃的東西不能影響指數，才能根據指數去安排各種用藥，去化療。

半夜兩點興奮打電話給我說癌症有救的朋友，你已經打了好幾次，而且你的癌症有救的文章都是假新聞，建議你退出那些奇怪的群。

我白血球跟血小板低到我都擔心自己能不能挺過來，實在沒空再花時間幫你驗證新聞真假。

6月18日, 2024 10:39:22 下午

他們聚在一起，為我演奏了祝福的音樂。說將與我同行。

治療孤單且辛苦。有時難免墜落沮喪，但揚起的詩歌總能帶著慰藉而來。

讓我凝望上天時，都能泛著皎潔的希望。

謝謝你們，永遠的SICF，摯愛的SICF，我上海的家人們。

6月23日, 2024 5:53:59 下午

目前化療的模式是做一天停一天,雖然沒有之前那麼痛苦,但還是有點厭煩。

計畫做六期的化療,每一期是21天,做完之後再做異體移植。

所以估計我這一整年就要在這個醫院裡面泡著。

胃口跟食慾還是非常差,體重掉了大概10公斤,已經掉到大學時候的體重。但是為了維持後面的化療體力,所以我努力地維持體重。

有一些朋友發一些癌症可以治癒的新聞給我。但我的症狀有點不太一樣,一般淋巴癌分為B型跟T型,T型是比較惡的。我是T型裡面的NK/T,一般這種病症是從鼻子引起的,但是我又是另外一種特別的叫ENK/T,就是病毒不是從鼻子引起的。

屬於罕見中的罕見,幸好我在這裡遇到了有信心治癒我的醫生。

內人在香港的超市找到了青菜滷肉罐頭,我以前完全都沒吃過。但這東西目前對我來講是聖品。可以救我的胃口。

6月26日, 2024 7:43:23 上午

我有一個弟弟跟一個妹妹。

年輕的時候非常想逃離台中,所以逃到台北又逃到英國,最後逃到上海。

今年反而是我待在台中最長的時間。也是我成年之後和家人相處最長的時間。

和弟弟去過很多地方,我們自助去澳洲、北海道,我生病前還去了一趟首爾。

妹妹嫁出去之後,和我的聯繫不如弟弟。

總之我對弟妹都有很深的愧疚。做大哥的一直在外面流浪,沒盡到老大的責任。

妹夫要換工作,而我也不知道,覺得非常內疚。

就跟妹妹說,哥哥覺得這幾年都沒有照顧到你。

妹妹無語,「大哥把自己照顧好就很好了。我們過得很好。」

7月1日, 2024 12:08:17 下午

做完了將近一個月的化療,下午再做一次骨髓穿刺,今天可以出院了。

在醫院附近長租了一個酒店,大概待個20天就會進行第二次的化療。

這將近一個月的時間裡面做了無數的檢查,更讓我確信了醫院的醫療能力,醫院的醫生都來自於香港大學,一邊治療一邊做研究,非常努力。

醫生和護士的宿舍就在醫院不遠處,有時我到樓下散步,都會遇到拖著疲累步伐下班的醫生或護士。

我大概是極少數在這個醫院裡面治療癌症的台灣人,我所在的醫院是20層,醫生和護士說沒見過台灣病人。

其實覺得自己很幸運,在年輕體壯的時候可以扛得住治療,而且我沒買什麼像樣的保險,但經濟壓力基本不大。可以拋下一切心無旁騖地治療,這些都是非常幸福的事情。

7月2日, 2024 8:15:08 上午

和學校的指導教授溝通,他建議我要不休學算了。

一方面重病,另外一方面畢業論文遙遙無期。

讀工科博士要有很強的意志力,比我想像中的要難很多。

讀博第3年,我就發現,依照我這個料子往學術路線發展基本上是不可能的。能畢業都很困難。而且學術路線太窮,不適合我。

最後我沒有聽我教授的意見休學。

我安慰他,我會把論文寫好,請他不用擔心,然後我就躺下來做化療,然後看電影了。

7月3日, 2024 7:59:16 下午

　　原本前天就要出院,但是因為要先做骨髓穿刺,醫生發現我的凝血功能有問題,擔心血流不止。

　　觀察兩天之後,今天做了骨髓穿刺,放我回家了。

　　休整幾天之後準備面對第二期的治療。

7月4日, 2024 12:21:21 下午

　　出院之後在醫院旁邊租了一個酒店式公寓。

　　這裡有個簡易的健身房,可以邊看海景邊跑步。

　　不能做動手臂的運動,所以所有的有氧幾乎都做不了,因為我手臂裡面安裝了心臟導管。

　　跑是跑不動,但是我今天走了一個小時。

　　運動的時候發現一件事情,不能蹲下,蹲下哪怕就一兩秒鐘就會昏倒。我猜可能是貧血。

7月4日, 2024 8:07:33 下午

一桌子的菜。

岳母決定到我住的酒店式公寓親自下廚。

7月9日, 2024 10:32:17 上午

家人從台灣過來香港見我。

我們去了東方小祇園，這裡的素食味道很好，料理的方式在台灣都沒見過。

有一道菜是芋頭魚。味道非常好，只可惜不是用我們大甲的芋頭。

照理說我是不能去公共場合，因為外面有很多細菌病毒。但是和家人吃飯真的很開心。

家人帶了清水的奶油小酥餅和愛文芒果過來，愛文我吃完了，奶油小酥餅拿來送給醫院的醫生和護士。其實我也想吃奶油小酥餅，但是我不能吃，麵粉發酵的食物都不能吃。

（淚）

7月9日, 2024 4:46:27 下午

要說一下李姑娘的故事。

三月份左右，我去了趟香港，當時有一個網路安全的產品比較出色，我在 Rosewood Hotel 見了幾個核心成員，探索合作機會。當時的身體已經有異狀，未知的發燒、疲倦困擾著我。而我同步在台大醫院看血液腫瘤科。

因為人就在香港，我順勢排了香港私家醫院的診，醫生建議我同步排瑪麗醫院，該醫院是這方面的權威。據說至少要排半年。心想自己已經在台大治療，把自己託付給醫生就可以。有沒有排上都無所謂。

直到5/6我突然排上了香港瑪麗醫院。這是一位香港友人在香港幫我排隊的結果。

其實早在台灣時，我第一個諮詢的台中榮總的醫生當時就肯定了瑪麗醫院的權威。

但這讓我陷入兩難，一是我們在台大治療已經五個月，擔心去香港又從頭開始，且台大醫生頗為用心；二是瑪麗醫院屬於公立醫院，一旦錯過只能再排。

我們抱持著徬徨的心態，打算飛往香港，見了瑪麗醫院的張醫生。張醫生花了四十分鐘看診，並看完我們所有的資料，她給了我們完全意想不到的建議。「你所剩時間不多，

立刻停掉類固醇,並安排盡快進行正子掃描。」

當時我長期服用類固醇。而台大的醫生也安排了六月份幫我進行一次正子掃描。我很多疑惑,就一個月的時間,至於有這麼大的影響嗎?所剩時間不多是啥意思。

但是香港張醫生的回覆是個晴天霹靂,完全沒意料中的回覆。

但我們不敢擅自決定,仍飛回台灣,安排了隔天台大的門診,打算諮詢台灣的醫生再做決定。

台灣的醫生認為當時他一月份接觸我時,也同樣惶恐,但確實無法確診,並表達他諮詢了哈佛的教授,翻了台大資料類似的病例,在無法確診之下,只能用類固醇維持生活質量,若是病徵這麼多,病人很快會放棄。若瑪麗醫院能斷症,他也樂見。

我諮詢了很多朋友。當時心想不能停掉台大治療,香港治療代價太大,語言不通,加上經濟問題。於是堅定信念之後通知瑪麗醫院,我們放棄了。

醫生得知我們放棄在瑪麗醫院的治療,託了兩名護理師打電話給我們,一個上午一個下午。我從來沒意識到公立醫院的服務這麼好,他們理應希望病人越少越好。

其中一位護理師就是李姑娘,李姑娘幾乎是花了四十分鐘的電話時間說服我到香港治療。我對於香港的醫療體系不

熟悉，但瑪麗醫院病床不足，護理資源也短缺，這裡並不是私家醫院。醫院沒有動機強留我在香港治療。

為什麼一位忙碌的護理人員要越洋打電話去說服一位陌生人來看診？

而且等到我真正住院治療之後，才發現醫院裡的護理人員真是忙碌，很多時候他們是小跑步在病房裡穿梭。有個護士還跟我說，整個醫院的護理人員不夠都沒人管。

一個這麼忙碌的人，卻打給一位陌生的病人，說服他一定要在香港治療。李姑娘說，你仍年輕不要放棄，瑪麗醫院有信心治好你。

就在忐忑之間，我們去看了一間香港的私家醫院，醫生說，若是瑪麗醫院收你，不要有第二考慮，瑪麗醫院是全亞洲最好的淋巴癌醫院。

於是我們當天就斷了類固醇，沒想到所有病症一次湧現，幾乎二十四小時發燒，高至40度，且高燒不退。內人寫信給台大醫師，告知了我們的決定。台大醫生在半夜回信給我們，支持我們的決定，並祝我們順利。

由於發燒嚴重，可能無法搭飛機，我5/10到台中榮總急診室，請求急診室醫生幫助我退燒，好搭上5/11早上飛機。台中榮總急診科醫生幫我施打了點滴整夜，只能勉強降到38.6度。

在我上機前,高燒就退下來,而等到我抵達香港,不到三小時,我立刻又高燒。隨即進了瑪麗醫院急診病房,非常幸運醫院安排了一張走廊上的加急病床給我。

　　接著我很快就確診了,是淋巴癌四期,罕見的 Extranodal NK/T cell lymphoma。很快就被安排住院了,在一位難求的癌症病房。採用了香港大學自研的化療方法 SIMPLE。

　　今天在醫院又見到了李姑娘,她幫我清潔身上的心臟導管。

　　我有時在想,如果當天沒有接到她的電話會怎麼樣?如果她只是花五分鐘溝通無效就放棄會怎麼樣?那可能是真正影響我一輩子的一通電話。

7月10日, 2024 3:10:32 下午

這幾天把一些沒有使用的公司，該關的都關一關。

還有一些用來持股其他公司的投資主體，而公司項目已經不行的，也關一關。

把投資過的創業公司CEO都聯繫一遍，大部分都苟活著。

有一個比較過分，偷偷把我的投資主體變更掉了，等於我沒持有對方公司的股權。

還有一個是種子期的投資，因為創業者計畫融資下一輪，與我協商希望我無償降低持股。

說實話，到了這個歲數，我也不計較這些，也沒力氣計較。因為創業者就兩種，一種很成功的，通常守規矩；一種苟活著不成功，會想方設法抄捷徑。早期投資本來就是要承擔風險。

當然也有很成功的投資項目，他們身邊已經有太多投資大老在身邊給主意，我派不上什麼用場，就少打擾他們為妙。

7月11日, 2024 9:44:25 上午

醫院給了我一張VIP通行卡,只要拿著這張卡到急診室,就可以優先處理。

據癌友表示,可能是我這幾天出去公共場所太多,在外面用餐,遇到不乾淨的細菌。昨晚狂流鼻水,發燒。

接著美好的出院時光就戛然而止,現在又在醫院了。

其實昨天在某餐廳吃飯的時候,我就發現了小強。但是我飯已經吃完了。(泣)

7月13日, 2024 8:52:37 下午

醫院的淋浴花灑平時鎖起來,洗澡的時候,護士會開鎖拿給你。

我問,為何要鎖?好麻煩。

「因為癌症病人會用淋浴花灑的鐵管線來自殺。」護士說。

好殘酷務實的回答。

7月15日, 2024 3:10:29 下午

接獲醫生的通知,明天開始進行第二期的化療。

但是化療的方案改變了,由第一期的SIMPLE換成SMILE。

之前我們的理解,也是醫生教育我們的,如果SIMPLE有效的話就會持續下去,如果失敗的話就換化療方案。

所以擔心是不是原來的治療方案沒有成功?

由於不是很懂SIMPLE和SMILE的區別,所以還要找時間問醫生。

＝＝＝

更新:

得到醫生的回覆,大概意思是說,第一期化療時,發現了癌症已經擴散到中樞神經系統。因此,SMILE會比SIMPLE更適合。

然後呢,就問到治癒率問題。因為我們自己查到的數據SIMPLE治癒率有50%,SMILE只有25%。

醫生就說,不要考慮治癒率的問題,而是要想辦法醫好。

7月18日, 2024 8:10:33 上午

醫生表達目前治療的狀況不樂觀,不理想,比較悲觀。實際的情況就不說了。

台灣跟香港的家人們陷入愁雲慘霧。

然後他們就問我擔不擔心?

「中午吃什麼?」我說。哥比較關心中午吃什麼,有沒有好吃?

吃好睡好拉滿就行了。

然後醫院安排了臨床心理諮詢師,通常這個治療是連續性的。然後心理諮詢師發現,我這個人無憂無慮,跟屎一樣。決定換目標,去幫我的家人做心理諮詢,並表示後面沒有打算再幫我安排任何心理諮詢。

別的英雄是帶劍走江湖,我是帶屎走江湖,拉好拉滿最重要。

7月19日, 2024 9:33:33 下午

　　我把乖乖放在病房窗邊,本以為朕的身體就會平安。但香港的醫院清潔阿姨沒見過這東西,就把窗邊的雜物一律清到垃圾桶。

　　結果醫生果然開始說一些壞消息。

　　乖乖啊!最終還是得靠你。

　　香港中醫師朋友得知之後,就協商了毛毛跟阿梅,其實他們是兩隻貓。我請他們把私藏的乖乖讓給我。

　　雖然我每次遇到毛毛跟阿梅,都是又抱又親,然後毛毛跟阿梅對我各種嫌棄。

　　但是他們仍發揮大愛,把乖乖讓給我。

　　朕感到非常安慰。

　　看來病情要好轉了。

7月27日, 2024 12:24:11 上午

大俠，你這幾天只是病房裡面的小菜逼。

每期化療21天，第一期打完，現在是第二期，沒有過多的擔憂就開始了，第1至4天覺得還能承受，沒有大的困難。

自己的認知和現實差距很大，5~8天就覺得非常的不舒服。時時刻刻和痛苦交戰，沒有勝利。發燒40度，而且幾乎沒有停下來，醫生完全束手無策，只能給一些抗生素以及普拿疼（香港稱必理痛）。第7天細菌科的醫生來會診，改了抗生素的方案，稍微有所好轉，溫度降到了大概39度，但一樣困難。

這樣發燒等於沒有辦法去做任何事情，沒有辦法思考，只能夠躺在床上休息，而且是非常痛苦的休息。

有人問我為什麼不看看劇。40度是看不了劇的，你感受不到快樂。能躺在床上堅持著就不容易了。

醫生檢查指數告訴我，中性白血球是0.34。（這跟沒有白血球不是一樣嗎？）

血壓是八十一／五十一。

嚴重缺鈉缺鉀。

中間還有一些小插曲。

因為吃不下飯，硬是塞食物進去，導致嘔吐，吐在整張床，因為太著急了來不及找到袋子。

因為身體狀況，醫生不讓你去廁所，只能用尿壺，而我卻把尿壺打翻在整個床上跟地上。

實在是太沒有尊嚴了，所以我打算不顧醫生的建議，離開床上去尿尿。過程中又不小心摔倒。

另外一個壞消息，小弟的體重又重新回到大學的體重了，76.5公斤。（原83）

中間又經歷了無數的檢查，例如抽腦髓，還有各種胸部X光等等。

有一個不太熟的朋友私訊上給我傳了一個消息，建議我採用某種民間療法，就是透過生薑、按摩以及橄欖油來解決我的癌症問題，而且說要放棄西醫的治療，立刻離開醫院。

心裡沒有任何掙扎，直接封鎖，毫無遺憾。

我會在一次又一次的戰鬥當中得勝。哥是一位帥氣的大俠。

7月27日, 2024 11:31:18 上午

目前體溫34.8，34.8是人類嗎？

8月6日, 2024 11:52:46 下午

醫院安排了負壓病房,排氣孔會瀰漫一種白噪音。我記得這個聲音,有一年我們趁著假期,駕車去了清境,抵達沒多久就遇上颱風,我們和年輕的旅館主被困在旅舍裡。

他說,你肚子餓不餓?給他一個半小時,他就下山從逢甲帶來鹽酥雞。

我說別,颱風夜,就聆聽館外的風雨聲。就佐以酒。

那聲音就是白噪音,有風有雨也有安定。

常常覺得病房就是結界,我們出不去,來探病的人只有中午和晚上能進來。醫護人員負擔了原本家人應該承擔的看護工作。

有許多人在這裡經歷別離。你看著那些病房不斷有人離開,也不斷有人進來。有些人中午、晚上均有人探訪;有些默默吃著醫院的衛生餐,久無人問津。

由於醫療體系不同,我在這裡見過了營養師、物理治療師、牧師、心理療癒師。

心理療癒師教導了我意象鬆弛法,引導我使用五感去想像。

我想像去了黃金海岸 Gold Coast,有著連著天的海,和連著海的天,俯仰著整座城市。很多人來過黃金海岸,與著

不同的人，可能來自不同的城市，懷揣不同的心境。

意念中的我，從香港島的瑪麗醫院18號房出發，在不同的時空，我也在海水裡徜徉。

Gold Coast！！其實那是我和弟弟一起旅行造訪的地方，我們去參加一位友人的婚禮，堆積了很多回憶。我在餐廳裡指著一處地方，我在這裡置產，信步一分鐘就到海邊，窗外要有海水鹽鹹的氣息。我想置產的地方太多了，大多數都被遺忘。

很多友人關心我，吵著要來病房看我。

但是我第二期化療狀況確實差，我不想你們見到我狼狽的樣子。精神與身體都處於極度脆弱的邊緣，白噪音是結界，奮力地保護著我。

第二期化療，21天的化療殺死了很多細胞，包含那些好的細胞。我窩在這方寸之地，痛恨自己的脆弱，身體不夠剛強。

連續四天發燒到40度，高燒不退，這是第一次化療沒有過的體驗。這使得我自以為是的堅強更顯得荒涼。年輕的住院醫生不斷地抽血、照腦部X光、抽腦脊髓液、抗敏感、抗生素⋯⋯均無法找出發燒原因。但檢查的針如螫刺一次又一次刺進我的手臂，直到幾乎也找不到位置和血管可以抽針，整隻手都瘀青未癒又瘀青。

會同感染科醫生會診，醫生改了我的抗生素配方劑量。40度的高燒就消失了。

　　高燒之後，是連續失溫到34度，血壓過低，儀器徹夜狂吠。醫護人員不知道哪裡弄來了一台機器，我就躺在類似睡袋的塑膠套裡，機器拚命往內吹著熱風。連續整天，氣溫才勉強回到36度。

　　以為身體健壯，沒想到第二期的化療直接讓我的體重從82公斤，在幾天內掉到72公斤，妹妹說那是我在英國時期的體重。我設法進食，但是吃了就吐，吐滿了整張床。

　　在病院裡摔倒，不小心撕扯了安裝在身上的心臟導管。

　　身上的肌肉已經耗盡，無力下床。物理治療師來見我，幫我量身訂製了一個護脊，我戴上護脊，她帶著我在院內走路。從來沒想過自己居然沒有辦法保持太久的平衡，沒想過走完一圈就累。

　　我有很多困惑！環法車手蘭斯・阿姆斯壯為什麼可以抗癌之後就重返豔陽下。為什麼有些癌友可以邊抗癌並練拳？我陷入複雜的低潮，我感覺自己似乎沒有想像中那麼強大。

　　其實我異常幸運，我幾乎是心無旁騖地治病，且沒有買高額度保險，這是一個看似簡單但是很少人能達到的條件。內人也是心無旁騖看護我。我們有能力選擇在哪裡治病。

　　但其實我也明白自己不是那麼有能力與剛強，自己在經

濟、心理、身體各方面都脆弱。但是如果你是鑿光者,那你就是唯一能把陽光鑿進來,讓光亮照進病房,並鼓舞激勵每一個無助擔心的親友。

我明天結束第二期化療,醫生說我可以返回家裡。

接下來就是移植了。媽媽弟弟妹妹都會來香港,我們約好一起拍張全家福,並期待能夠順利接受家人的骨髓移植。

那位在醫院服務二十年的老護士,最近學了國語來跟我對話,她說見證太多生離死別。二十年前,這個病就是等死,但是現在醫療不一樣了,而且還有鄺教授在。我想跟老護士說,其實你也是鑿光者,我們一起把日光鑿進來。

醫院裡有個高高帥帥的男護士說:「明天你就出院了,我好像還沒有去過台中?去過台北、高雄和台南。如果台北像東京、高雄像大阪、台南像京都,那台中是什麼?」我想你也是鑿光者,販售共同旅行的希望。

台中就是我會在晚餐的時候,去梧棲梧南路155-5號吃海鮮,在深夜的時候,接著移步到沙鹿中山路449號喝一碗家鄉的熱米漿。你說像日本哪個城市?

它是一個給民宿老闆一個半小時,他就能從清境農場下山從逢甲夜市帶來鹽酥雞的溫暖城市,即便外面有風有雨,關上門窗就是安定的白噪音。

也是你失去信心，心靈流離失所，但是你手指著遠方，想在那置個產的 Gold Coast。

我住的地方近海，不論在香港跟台灣都是，關上門窗就是海港的避風塘，不論外面有風有雨。

台中港是避風塘，如果你來台中海線，我們一起喝碗家鄉的熱米漿。

這裡安置每一個重新出發的靈魂與身體。

我說。

那你一定要好起來。

高帥的男護士說。

8月8日, 2024 12:50:50 下午

出院第一天，73公斤，走路40分鐘，小腿肌肉流失嚴重。

帶著很多人的祝福，逐步恢復成為一個健康的人。

8月9日, 2024 12:13:15 下午

今天來了位帥氣的社區男護士，來家裡幫我做心臟導管清潔。

然後又說要去台中玩耍。

目前沒遇過不帥的男護士。

8月12日, 2024 12:30:33 下午

一大早起來在健身房走路，把坡度調到最高，勉力維持了六十分鐘。

避風塘的小漁村在清晨迎來大雨，傾盆大雨讓清晨的漁村有些狼狽。漁民們即便在沉重濕漉的大雨下，淋著身子，仍勉力工作。在室內的我，有個隔著窗的安全距離。都勉力在完成一些事情。

雨勢稍歇，我也順利走完六十分鐘，而清晨魚市也在歪斜的雨勢中度過了最忙碌的時刻。

台灣的家人們來香港見我，我們一起在公寓裡下廚，有幾次也到外面用餐。

　　我現在不太適合外出用餐，主要擔心外面不明的病菌，會影響白血球、血小板、EB病毒等等我都弄不明白的一堆身體指數。

　　所以我們會選擇相對寬敞的餐廳，可能在角落的圓桌，小心翼翼地清潔桌面、餐具等可能接觸到食物的一切。然後嚼食著這寶貴且不容易的一餐。

　　家人回去台灣之後，我就被禁止了外出用餐。現在能夠很潔淨地吃一頓飯對我來說就是難得的確幸。

　　週六是七夕。朗朗的上午，香港的家人也過來，我們拍了全家福合照。攝影師是外找的，特別過來我們的公寓拍照，比較專業，會親自示範拍照姿勢，而且國語也能溝通，他的指導聲在大廳裡四處活躍著。

　　接近中午時分，一位故友M君從台北過來。一般我沒有太多力氣和探訪的朋友交流，也擔心他們把外面的病菌帶進來。

　　但是友人是商務出差，來香港看展，順道過來，再三地叮嚀注意事項之後，我們在一樓大廳小聚。

　　M君從小在美國長大，畢業於UC Berkeley。他們有一個很鬆散類似兄弟會的組織，大部分都來自於Berkeley，有

時候讓我錯覺Berkeley是不是招太多學生了？後來才知道，那是一道非常窄的門，只是M君邀請我穿過窄門，成為他的摯友。接著，我又透過他認識更多的朋友。

　　M君因為不小心在異鄉認識了台灣妹子。然後去了台北，那個祖輩拚命想移民出去的地方。我們有很多晚上在彼此都陌生的城市一路喝威士忌到清晨。那時候還沒成為M君太太的台灣妹子，會打一晚電話直到清晨，一副你不接電話你就倒大楣的模樣。

　　就這樣在M君在威士忌和台灣妹子之間偷偷摸摸拿捏不定該接電話還是該喝酒的勢態到達了他想婚的年齡，就決定回台灣定居，我們後來只能在白天在他台北象山的家裡喝威士忌，但下酒菜也多了M君太太出色的料理。後來，又多了兩個女兒；後來，還添了一隻狗。

　　驀然，我們終於都長成一家之主該有的樣子，歲月腳步快得讓人吃驚。

8月12日, 2024 4:44:38 下午

帥哥護士今天又來幫我清心臟導管了,然後還帶著兩個學生。

那個男學生說他平常打遊戲都是靠台灣人 carry。

然後我們討論了一下,發現男護士通常都比較溫柔,女護士脾氣暴躁。

8月19日, 2024 10:08:38 上午

這幾天在酒店裡放養,覺得自己的身體狀態不錯,就囂張起來了。

幾個朋友要來見我,我也不拒絕,甚至還外出跟他們一起吃飯。

昨天,幾年前投資的一家公司,接到一個二十萬台智能公交的大單。對方特別從英國飛到香港來談判。

創始人就問我能不能陪同,由於有一年左右沒聯繫。創始人不知道我生病的事情。我想想,這單子如果能拿下,估計今年上市的條件可以順利達成。

於是就囂張地說會過去幫忙談下訂單。

通常人囂張的時候，就表示有事情要發生了。

約在一個很奇怪的草地滾球俱樂部（完全不知道幹啥的？）談判過程不太順利。但是待到兩個小時之後，我已經感覺身體有異樣了，準備落跑。

重點是在不舒服的狀態下，還去了尖沙咀吃小胖台式便當。結果一吃到肚子裡就知道完了，那菜是冷的。我估計大概就是先把配菜煮好，然後看客人點的是雞排飯還是排骨飯，再加上配菜。

但是我目前的狀態只能吃全熟食物，配菜料理放在空氣中超過一小時我就不能吃了，會滋生細菌。

然後這個囂張的我，回到家裡就發燒了。唉。

8月19日, 2024 5:46:12 下午

今天去了養和醫院，約了教授的時間，打算作為第二意見。

教授給的意見比較悲觀，但是我其實心理有預期，所以沒有感到特別驚訝。

我仍樂觀充滿希望。

我其實很感激在香港住院期間，所有幫助過我的人，太多了，根本感謝不完。

但目前我沒有其他選擇，因為醫院有所長，我所在的醫院是這方面的權威。當其他醫生放棄我時，醫院沒放棄我。

8月20日, 2024 10:12:47 上午

昨天晚上發燒，然後又住院觀察了。

內科病房的護士一直跟我聊台灣，我好忙。

8月29日, 2024 9:59:00 上午

朋友發給我中學時，我刊在校刊上的小作文。

9月2日，2024 6:13:16 下午

目前的狀態就是等醫院床位，準備迎接第三次化療。

但是遲遲還沒有等到床位，即便如此，還是一天到晚要往醫院裡跑，做各種檢查。

不然就是社區護士跑到我家來幫我清導管，抽血。

如果化療順利，大概再經歷兩次化療，就可以進行骨髓移植，弟弟把骨髓捐給我。

接著我們又要搬家了。酒店的衛生環境恐怕不能符合要求，估計要尋覓一個新的住所。

目前我住在香港的小漁村，我出門的交通工具，是漁船！！（但其實我是不能出門的，要保持不被外面的病毒侵犯。）

有個病友分享，把環境的要求講得極為嚴苛，她甚至說洗臉都要用熟水，就是百分百煮沸過的水，此建議讓我萌生了乾脆不洗臉的想法。

看來後面還要面對很多事情！！

9月4日, 2024 9:02:27 上午

今天被安排全身檢查。

9月4日, 2024 8:44:37 下午

可能馬上要搬家了,為了追求更無菌的環境。
紀念一下這個美麗的避風塘。飯店窗外的景色,
能經常看到老鷹。

9月5日, 2024 5:00:45 下午

說要寫一封感謝信給醫院，拖了好久終於完成，如下：

I am writing to express my deepest gratitude for the exceptional care and kindness I received during my treatment. As a lymphoma patient who traveled from Taiwan to Hong Kong for medical care, I was truly touched by the meticulous attention and professional expertise you all provided. Your unwavering support gave me the strength and comfort I needed to face the challenges of my illness.

Looking back on my time at the hospital, I am profoundly moved by your dedication and compassion.

Whether it was the doctors' outstanding medical skills and clear explanations, or the nurses' gentle reassurance and attentive care, each of you contributed to an environment of invisible support. This support not only helped me endure the physical pain but also instilled in me the confidence to fight and overcome the disease.

I fully understand the immense responsibility and pressure that comes with being a healthcare provider. Despite these challenges, you consistently went above and beyond, treating every patient with the utmost care and dedication. Your tireless efforts not only aided my physical recovery but also allowed me to experience the warmth and compassion that define true humanity.

I would like to extend my most heartfelt thanks to every doctor and nurse on the 20th floor of Block K at Queen Mary Hospital, Hong Kong.

I wish you all continued success in your work, good health, and enduring happiness. Your kindness and dedication will remain forever etched in my heart.

9月9日, 2024 3:39:03 下午

第三期化療第四天,感覺狀態還可以。問了一下醫生我目前的指數,羅列如下:

白血球5.47

中性白血球4.99

血小板234

eb病毒40

因為指數還可以,醫生讓我請假三天回家,過三天後再回來住院。

我的療程需要做完六期化療,身體狀況好的話,可以做異體移植。

話說香港瑪麗醫院真是救命醫院。醫生當時給我的判斷,見步行步,我可能走不到第六期,如果能夠做完第三期化療就很不錯了。

我心想,這麼悲觀啊。

結果走著走著,居然已經到第三期化療了。果然我是禍害遺千年。

今天早上,和我的博士生導師溝通,他又叫我休學算了。我不願意,目前我打算啟動第二計畫,走Ph.D. or Exchange Program Inquiry,就近在香港找港大繼續做科研,

先聯繫老師。當然這些都要等我病好。

上海的房子要處理掉，目前房價跌去了四成，只剩下六成。其實我明知道上海房價還會下跌，但是由於生病關係無暇處理，而且那裡還住著兩隻小貓，時光荏苒，那兩隻小貓居然跟清潔阿姨在上海住了兩三年。

今天阿姨還說，幸好你家全天開冷氣給小貓吹，所以她也有冷氣吹。

這兩隻貴桑桑的小貓，當初是從德國人手上領養來的小野貓，沒想到哥生病，不確定要不要處理上海房子的情況下，他們兩貓仔就在沒爹照顧的情況之下跟阿姨睡了兩年，我還損失一大筆錢，估計跌去的錢在台北蛋黃區還可以再置產一套，小貓的養育成本好貴。

現在我們終於下定決心把小貓送回台灣，把上海房子處理掉。但是處理人只能仰賴Hiris，深感抱歉，一家之主目前只能躺床上寫寫廢文。

所以Hiris同學要處理好上海房子出售，還有小貓回台灣，還順便處理上海生意。老婆真是強大的生物。

9月14日, 2024 8:39:52 下午

事情是這樣的：

大概在11號左右，因為發高燒，於是提早入院治療，因為癌症病患發高燒是一件很嚴重的事情。

結果這個高燒居然到了第4天才退，中間我發燒到40度都沒有辦法降溫。

和上次一樣，發燒到一定程度的話會像登山者遇山難一樣變得畏寒，而不是身體發熱。

13號凌晨嘗試起床去廁所，結果一下床就腿軟了砰一聲摔倒在地。不知道身體的哪個指數太低所導致的。

而且我居然發現自己沒有力氣起身。這讓我非常吃驚。我努力了，為了起身還撞到頭，大概5分鐘之後我就放棄了。打算乾脆躺在地上。

後來如實告訴醫院的時候，他們如臨大敵還寫了報告。男護士說他被主管檢討了5個小時，因為我摔倒了的緣故。再也不可以讓我下床了。還在我的床上裝了感應器，只要我離開床，醫護人員就會知道。

我進入地獄模式。感覺自己像囚犯一樣。

醫院安排了一名物理治療師來見我，他測試我對於平衡跟走直線的準確率。後來發現十分不妙，就是我沒有辦法走

路了,基本上一走就歪歪斜斜,隨時可能會倒下。

進醫院的時候同時進行了第三期的化療。發現胃口極差,勉強喝一些癌症病患喝的營養奶度過。

今天晚上想吃炒麵,結果只啃了幾條麵條,又吃不下了。

9月24日, 2024 6:04:32 下午

我們在數位化發佈流程有一個說法。

類似火車的概念，例如：這班火車今晚6點準時開走，它不會等人，也不會提前開。

但是我們在IT開發上面，會遇到就差一點點，希望能夠晚一天發佈程式。

我跟同事說，火車一定準時開走，因為不是只有一個人在等車，還有很多人準備要上車，所以你要抓緊時間。如果錯過這班車，就只能等下一班了。

化療也是如此，醫生不會等你，不會說你今天心情好就化療，心情不好就不想化療。

凡事都有詳細的計畫，時間到了就準備下化療藥。

很多人問我為什麼這幾天都沒有發佈內容，因為實在太不舒服了。但不管舒不舒服，抗拒都是沒有用的，就等醫生把化療的流程走完，就跟火車到點上車一樣。

10月2日, 2024 1:27:03 上午

　　出院短暫在家,我好奇為什麼有一艘船紅通通的。
得知原來是觀光船。
「大晚上不睡覺還觀光喔。」
「因為他們剛剛吃完海鮮。」
「為什麼有海鮮吃?」
「因為這裡是香港仔,有鮮魚,餐廳幫忙代客料理。」
好奇寶寶的日常。

10月3日, 2024 3:56:30 下午

　　昨天去做了MRI掃描腦部,醫生擔心病毒侵入到中樞神經之後,造成了影響。
　　現在有點嘴歪眼斜,類似面癱。很有可能是化療的副作用。

10月3日, 2024 11:50:21 下午

我住的酒店式公寓，一般來說，是我出院短暫休息的地方。例如住院與即將下次住院之間的休息，可能有兩週。我就住在這裡。

這裡有個交誼廳，還有餐廳跟廚房。類似一個小聯合國的概念，這裡存在各種人種，來香港定居或工作。

這裡也有健身房，我一般有力氣就去跑步機上走走路，跑是跑不起來，走路能走。上午的時候都會見到一個義大利男人，他一來就是脫光上衣，直接八塊腹肌。

他做波比跳的時候，伏地挺身做完，直接像青蛙一樣，四肢騰空跳起來。身為曾經擁有三家健身房會籍的男人（但目前都在退費跟申請暫停中），有請私人教練的我來說，他完全不用器械，完全徒手。而且幾乎只練核心。感覺他不用健身房，給他一小塊空地就可以了。這人有社恐的感覺，我跟他搭話他就害羞起來。

印度人挺多。

印度人A君在KPMG工作，來自印度南方，香港大學MBA學習完，直接留港，我心想這工作不是操死嗎？他每天都在交誼廳裡交誼，沒見他加班（研判可能是外派）。他

告訴我印度有很多方言,我們熟悉的那些印度電影,他說他甚至聽不懂裡面的印度語。完全的 E 型人格,每天見到我都要過來跟我搭話,一聊就半小時以上。

印度人 B 君,嚴重 I 型人格,研判也是外派,Work form home,我從來沒見過他不在工作狀態,連吃飯也要盯著電腦工作。來自印度東北方,他就聽得懂印度電影。

有次我看到他的餐很有意思,看起來也挺好吃,故意跟他搭話。「你的醬看起來很厲害,我可以嚐嚐嗎?乾淨嗎?你可以也試一下我剛剛點的外賣。」他應允之後,還說他的醬很乾淨,然後就直接伸手拿我的菜吃。(我徹底不相信印度有乾淨的食物了)

有印度人 A 君、B 君在的地方,就會有個女生在那。我估計她想二選一挑一個,每次都聊愛來愛去的東西,我一過去就不聊了。

這姑娘在台灣當過交換學生半年,在靜宜大學,她在這半年裡幾乎都在旅遊,學校活動很多。

有個英國男人,講話很慢,年紀輕輕就有英國老頭的口音。他每次都要吃可怕的英國豆子,我有次決定跟他交換食物,要點豆子吃吃,他分給我之後,我給了他韓式海苔,結果他動也沒動,就留在餐桌上。(可能很害怕亞洲食物)

通常我在酒店式公寓的時候，狀態都很好。能寫點廢文、追劇。到了醫院階段，就完全不同了。

所以你今天會看到這篇廢文。

不過我很快要離開這個酒店式公寓了，我們要搬去一個更無菌乾淨的地方。

10月16日, 2024 10:00:17 上午

　　Hiris是虔誠的基督徒，下面是她在一個禱告群發的內容。大概就是我最近的現況：

　　大家好，我來跟大家update一下。昨天聽到醫生說的新消息，我和Jawin都沉澱了兩天，我則是哭了兩天，現在好多了。首先，我必須說，我很感恩，我是主內的姐妹，有神同行，就是幸運。

　　昨天醫生說之前打的三次化療，兩個方案效果都不理想。他們更換方案，我們的理解是之前的化療失敗了。現在這個不是一線的藥物。不過，非一線藥物不等於對我們就不好，只是不同的病人也許對不同的藥有效。突然我明白了為什麼我沒有回上海送貓貓回台灣，而是在香港見到了Golan。上帝告訴我不要失去信心，Golan就是一個很好的見證。感謝主，如果我不是親眼看見他，和他吃了一頓飯，也許我只是看到了一些文字，但他的情況也是用了非一線藥物也好多了，所以不是絕對的，我們就相信天父的安排吧。

　　接下來我們的治療會是兩星期一次免疫治療，四星期一次傳統化療。醫生說如果EB病毒可以降低，降到0還是可以移植的，但就要看我們對藥物的反應和身體對副作用的反應。

因此，請大家一起為Jawin的身體祈禱，他的肝臟也有被癌細胞影響，需要保住所有器官健康方可移植，因此為保他的所有器官健康，承擔所有藥物的副作用希望能減到最低，又可以把所有癌細胞和EB病毒殺死！讓Jawin可以積極樂觀面對，相信上帝會救他，所有器官指數正常可以一直做化療，體溫正常，肝指數回到正常。也為Hiris的睡眠、體力、信心和平安祈禱，我就不和大家客氣了，請大家幫忙！

天父上帝，在我哭到Jawin都不敢告訴我他擔心時，請原諒我忘記祢一次又一次幫助我們度過。天父，因為祢讓我們在這次的藥物得到重大的幫助，使我們可以更多時間回家休息，感謝上帝祢愛我，使我身邊的朋友都來支持關心陪伴，這一切都不是偶然，是祢悉心的安排。

天父，感謝祢為Jawin的身體做預備，我相信祢會安排他最好的醫生和護士，給他正確的藥物，使藥物的效果發揮到殺死所有的癌細胞，又為我們的平安感恩，祢說喜樂的心乃是良藥，我相信祢必定會因著我們相信祢，祢就救Jawin王俊傑，使他完全被醫治。祢愛我和他，那是祢的兒子呢！求主祢幫他跨過化療的所有副作用，使身體的所有器官所有指數都正常，就好像祢的保護罩罩著他，祢的愛和光注滿他的身體。我們也會有疲累的時候，所以稍作休息。今天我們

又再出門，謝謝祢讓這次的療程安排得更寬鬆，讓我們能有更多時間待在家裡，多一些相處，也能好好休息。求主祢讓明天的化療順利，使他的中性白血球回升，祢保住他的血小板和紅血球指數。

天父，我為過去驕傲的作為向祢認罪。我們像是無知的小孩，不知天高地厚。求主祢赦免我們的無明，也感謝祢讓我雖然傷心，但只需一兩天就能重新振作。

天父，我們所有一切都交託給祢，祢就必安排最好給我和王俊傑，所有榮耀都歸天父主耶穌，祈禱奉主名求，阿門。

10月27日, 2024 8:09:04 上午

更新一下近況。

在醫院病房發燒了將近一個禮拜，基本上都高燒在39度以上。

醫生看了指數說血小板、血紅球、中性白血球都非常低，趨近於0。

反正這一週都有點辛苦。

不過今天早上狀態還不錯。

11月5日, 2024 7:50:22 下午

捐血的時候不妨考慮捐血小板，血小板對於血癌、淋巴癌的病患非常重要。

很少人捐，所以極度短缺。

11月9日, 2024 3:58:18 下午

瘋狂的2024年，被遺忘的兩隻小貓，值得把這段故事寫下來。

2021年某天，上海為了防止新冠疫情擴散，對整個上海進行封城。所有居民都必須待在家裡，生活必需品類似油、米、食物，統一由政府配給。

我被關在上海家中兩個月，那是第一次感受到，原來我還要為食物擔憂。好餓……食物在哪裡？

其中有位上海居民,因為得了新冠,政府人員闖入她家中,撲殺了她養的寵物狗,只因為狗的主人得了新冠。

那時候我就特別擔心家中兩隻小貓,囑咐自己一定要保持健康,不能得新冠。

後來的故事,就是一解封我立刻逃離上海,把小貓託付給長期幫我打掃家裡的阿姨。沒想到這一別竟是永恆。

兩隻小貓,公的叫Barney,是隻親人的小橘貓,母的叫Bazou,是隻貪吃的小虎斑。是我從兩個德國人手中接手過來的,當時兩位德國人要返回德國,無法再繼續養貓,於是我接手了。

接下來我就生病了,免疫系統出了問題,也無法搭飛機回上海。兩隻小貓和阿姨互相陪伴,一起在上海家中待著,結果就這麼過了三年。

Barney和Bazou,我不在的日子,不知道他們是否焦慮?是不是以為我遺棄了他們?

這三年也因為我生病的關係,上海的生意不彰,辦公室縮小規模,只留下核心的人員。而上海的房價也跌去了一半。感覺人生一下子跌到了低谷。

現在小貓經過多人的幫忙,歷經繁雜的手續,已經從上海搭乘飛機返回台灣,由台灣的家人幫忙養著。

香港的醫生看我手機屏幕設置了小貓的照片，特別叮嚀我，日後不能接觸寵物，也不可以再與兩隻貓同住，我的身體不允許。

很多朋友羨慕我四處旅居，但旅居也不一定是那麼值得羨慕！曾經我在四個城市都有家，都是住所，有衣服有牙刷，到了就居住。夢境中以為自己在A城市，卻在B城市的家中醒來。

但是小貓不能跟著我一起旅居！他們只能在上海家中等待著，以為主人很快回來，沒想到一別就是三年。我和兩隻小貓的緣分就停留在2021年，那個被鎖在上海家中的盛夏。

曾經，我們考慮讓小貓搬回香港或台灣。後來認為台灣是更好的選擇，有更多人陪伴小貓，住所的環境也更大，方便他們跑跳。Barney和Bazou也一定會在台灣度過他們的下半輩子。雖然我們可能沒機會碰面了，但是謝謝你們多年的陪伴。

現實很殘酷，你們的陪伴讓生活不再那麼殘酷。殘酷的冬日過去了，豐饒的春天就會來。在台灣家中的你們一定會過得很幸福，而我也是。都是新生，都是希望。

11月13日, 2024 1:06:04 上午

醫生解讀了正子掃描的結果。

腹部有一些癌細胞已經消失,這是好消息。

壞消息是癌細胞沒有完全消失,醫生說還是要儘快做異體移植,讓外來的好細胞加入一塊戰鬥。

一般是透過化療,把癌細胞清零之後再做異體移植。

但醫生說我的狀況,可能沒辦法清零。需要儘快做骨髓移植,只能見步行步。

感謝我弟捐給我骨髓。

今天的狀況是腹瀉加嘔吐。

還有頭上開始長頭髮。櫻桃小丸子有一個同學叫永澤,據說他的髮型也是這樣😊

11月18日, 2024 1:40:01 下午

為了更無菌的環境，離醫院更近，我搬到一個離醫院很近的社區，社區的 View 很好，一樣能看山看海。

但社區很老，是早期蓋的房子。

居民也很老。在我觀察下，大部分的居民要麼就是拿柺杖，要麼就是坐輪椅的老人。

幾乎每家都有菲律賓幫傭。

但是這裡生活機能很好，網球場、游泳池一應俱全。

有勤勞的園丁，漂亮的花園。有種遠離塵囂的感覺。

花園真的好大，維護得非常好。

11月18日, 2024 1:45:50 下午

搬新家後立刻去辦健身房會員。

主要是肌肉萎縮得太厲害，體重掉了十公斤，需要逐步恢復。

選在冷清的時間去，結果健身房一個客人也沒有。

11月19日, 2024 9:39:41 上午

　　有個失聯很久不是很熟的厄瓜多同學突然找我。
　　她說，她看了我的影片，覺得我很懂投資。想問我，應該進口燈泡在厄瓜多賣，還是進口大蒜。
　　她說，她想做點生意，厄瓜多很多地方沒電，有電的地方就要買燈泡。
　　我不知道該說些什麼？要不賣點滷肉飯？我天天都想吃滷肉飯。醫院的飯味道不行，何時換廚師？
　　沒想到哥的影片已經擴散到厄瓜多。
　　我正在醫院抽骨髓，順便做點厄瓜多商業諮詢。

11月19日, 2024 10:24:20 上午

　　今天又有護士向我諮詢怎麼去台灣放天燈。
　　上次是另外一個護士向我諮詢怎麼去泡溫泉。
　　推薦完天燈行程之後，護士現在說改去高雄。（菸）
　　我真忙碌！
　　我正在醫院抽骨髓，順便幫觀光局做點拉皮條業務。

11月19日, 2024 8:37:54 下午

現在每天的節目都安排好滿。

明天安排放射治療（電療）。

聽說是以直線加速器發出高能量輻射（X光）殺死癌細胞或停止其增長。

可能也會順便安排另一個護士的台灣旅遊行程。

11月24日, 2024 7:38:08 下午

我新住的香港社區有點厲害。

上次說過社區都是老人為主，年輕人都沒見到幾個。

去健身房的時候，見到一個老先生請了私人教練，驚訝地發現，他們居然都是以英文溝通。

社區有家快餐店，叫大快活。價格特別便宜那種，你點餐沒多久，餐就做好了。你可以理解類似港餐的超低價麥當勞。然後呢，就聽到一位老人家用英文點餐。想說高級餐廳

就算了，這種快餐店，怎麼會有能用英文服務客人的工作人員。

在醫院看眼科。因為化療之後，據說會有副作用，眼睛容易出問題，例如乾眼症之類的。所以醫院安排了我去見眼科醫生。我跟醫生說，我台灣人，廣東話完全不行。結果醫生就開始全程用英文看診，而且是非常流利的英文，我還以為人現在在英國。

香港雖然移民走了很多人，但是仍讓我驚訝，香港人的語言能力真不錯，連老一輩也是。香港的孩子現在至少要會三種語言，廣東話、英文和普通話。

我認為孩子應該從小就熟稔英文，如果只能選擇一個專業的話。這是說給媽媽們聽的，一定要從小培養孩子的英文能力。

我有個英文流利的朋友，非常自信，他告訴我，由於小時候父母暑假送他去美國夏令營，因此練就了敢開口說話的能力。回台之後，雖然字彙懂得還不多，但是不膽怯地開口說英文，老師讓他參加英文演講比賽。他得了全校第一，也培養了自信。後期憑藉著這份自信攻克各種其他學科。

由於我從小到大都是念偏遠鄉下學校，除了小學拿過第一名之外，後面都放飛自我，即是所謂的學渣。一直到讀大學時，才開始下定決心去解決我的英文能力問題，在那之

前，我估計一句英文都開口不了。有幸去英國念了碩士，因為長得太帥（自封），太多人要過來跟我聊天，練就了我的口語能力。導致我跟其他的學生不同，聽說讀寫就只突出了「說」。

我在韓國有個結拜大姐，以前是我創業時的天使投資人。有次她問我家庭背景，以為我是來自菁英或富豪家庭。了解之後才發現我一窮二白，根本來自鄉下，家裡啥背景也沒有，媽媽才小學畢業。

生病之前，有將近一年的時間在海外旅遊，主要是歐洲。遊歷過的國家已經數不清了，而且全程自助。如果沒有英文能力，也肯定沒有自信自助在海外玩一整年。

前幾年我組織了一個研究院，在美國有個四十多人的研究院團隊。讓我有機會去加州及西雅圖出差，順便驗證一下我所理解的美國文化。雖然我不在美國出生，但管理美國團隊我一點也不膽怯，反而覺得很適應。

最可怕的經驗是，憑藉著我大學才開始學的英文。我還做過全英文的演講，而且是國際型的大會議。更何況現在還能用英文在期刊上發表論文。

我身邊有一群來自於常春藤名校的朋友，例如哈佛、柏克萊。初期和他們打交道，我總有一種出身不太純正的自卑，因為這些人從幼兒園到大學都是一路名校，父母光花在

他們身上的學費就難以計算。而我還沒上小學前都在田裡打滾，順便偷挖點地瓜。背景相差太遠。但是隨著自己閱歷增長，自信的口語能力。我一點也不會覺得自己差在哪裡，只是文化背景不同而已。

所以一定要告訴自己的孩子，英文很重要。我也會這樣告訴我的孩子。

對了，我好像沒有孩子。

11月25日, 2024 10:36:31 上午

今天住院，這次安排了隔離病房，要住一段比較長的時間。

電療、重化療和骨髓移植陸續上，醫院把節目安排得很豐富。

醫生說會非常辛苦，副作用很多。

開玩笑，本大俠是何等人也。副作用對我就是灑灑水而已。我要打十個。

11月26日, 2024 5:17:43 下午

上午醫生安排了導管手術,從心臟位置接了一根導管出來。

下午又抽了骨髓液。

現在又跑來說我中性白血球低,要給我來一針。

節目安排得太豐富,搞得我這也痛那也痛。

我要打十個,不是一百個。(淚)

11月30日, 2024 8:57:37 下午

前幾年真的旅行太多,只要點開那年今天,幾乎都能找到旅行的貼文。

真的很慶幸生病之前去了無數的國家。

11月30日, 2024 9:41:01 下午

　　目前海瑞斯同學幾乎是全職照顧我的狀態，這病估計要長期待在香港治療。

　　於是把過去住過的三四五六個地方的東西都搬回香港。大概一千公斤（不包括家具）。

　　整個國際搬家的事情我完全沒參與和幫忙。海瑞斯同學一手操辦。（太太這種角色實在太強大）

　　正式結束四海為家旅居的生活。新家的夕陽還可以。

　　現在我的活動空間只有病房這麼大。

12月11日, 2024 10:34:53 上午

謝謝弟弟，從台灣飛來香港，把骨髓捐贈給我！（淚）

順利扛過重重化療和電療，目前本王的體重從病前85公斤，掉到71公斤，快要挑戰6字頭了。

12月11日, 2024 8:17:00 下午

做完骨髓移植，仍是一尾活龍。

人狠話不多，抗癌你王哥。

坐等副作用。

12月19日, 2024 10:36:49 上午

我已經完成了骨髓移植，是弟弟捐給我的。

移植結束後的第一天、第二天和第四天比較危險。

同時出現了高燒、低溫以及高血壓和低血壓。醫生之前交代讓我買了救命針（其實就是維持生命跡象用的），原本計畫用一針，最後用了三針。（貴桑桑的針）

比較神奇的是糞便變成綠色的（我以為我要變成綠巨人了），醫生說是因為移植有排斥作用所導致的。

現在整個口腔是潰爛的狀況，沒有辦法吃東西。醫生計畫打針輸入營養液取代吃東西。

中性白血球為零，抵抗力相當的弱，目前只能躺，站都站不太起來，覺得自己身體千瘡百孔的，像是被戰鬥機轟炸過一遍。

幸好本大俠一個打十個，一般人哪受得了。

12月27日, 2024 1:33:08 上午

骨髓移植至今，告訴自己要一天熬過一天。

經歷高燒、失溫、口腔潰爛、沒有食慾，醫生採用液體灌食、水腫。

現在身體大不如前，沒有能力站著。皮膚一碰就破。肺部功能變差。

但仍滿懷希望。

前年今天，我在Fontaine de Vauclu，這地方是世界第五大（法國最大）的湧泉。河水未被污染，清澈見底，乾淨程度前所未見。

我很慶幸自己早已遊歷了世界。

前往香港治病之前，幸好去了趟首爾，見了友人，也陪伴了弟弟一家人。意外的是在首爾期間沒有高燒。如同正常人一樣。

首爾的教會牧師為我禱告，為我唸了詩篇。

今年的聖誕禮物是一百天挑戰卡，醫生說一百天熬過了，異體移植就勝利了一大半。告訴自己要一天熬過一天，熬過一天就畫個圈。

海瑞斯同學給我一張生日卡，很是喜歡。

謝謝香港，謝謝醫護。

12月29日, 2024 3:26:58 下午

今天一個護士告訴我，我走到了下一個階段呢，就是骨髓移植後的排斥反應。

一般他的經驗是會有肝臟、皮膚、腹瀉反應，鼓勵我撐過去。

現在的一些症狀已經開始突顯出來，例如腹瀉，每次肚子都痛到受不了，幾乎要暈過去。

另外皮膚變得異常脆弱，吹彈可破，只要指甲一碰就流血。

護士擔心我的身體太乾燥，於是主動過來幫我塗護膚膏。全身都塗滿，護士交代我脫褲子，我也乖乖聽話，立刻就脫了，一點都不害臊。

說明一下護士是男的。

12月31日, 2024 2:40:07 下午

活著（YA!）

2025年目標。

1月4日, 2025 12:57:06 下午

　　全身爛瘡嚴重，特別是手部，而且奇癢無比，一抓就破。因為太觸目驚心，不敢Po出來。

　　一天拉好幾次肚子，每次都拉到幾乎昏厥。

　　至今仍無法吞嚥，只能喝一些液體，例如癌症飲品，喉嚨吞嚥口變得好小好小。

　　而且非常疲憊，今天又麻煩帥氣捲髮的男護士幫我擦身子了。

　　有人推薦我看劇，但是基本上沒有辦法集中5分鐘的精神來看劇。因為，我是沒有辦法在疼痛和看劇之間取得平衡

的，特別是天天靠吃止痛藥，甚至打嗎啡來過日子，怎有精神看劇。

我生病之後，有一個最簡單的應對方法，就是不考慮太遙遠未來的事情。當你的身體千瘡百孔的時候去考慮未來，反而會加深自己的壓力。不如告訴自己，此刻的痛就熬過去吧，熬過這次的痛苦就可以了。這樣反而很簡單，一天熬過一天。

像我這個以前有在健身的男生，壯得跟牛一樣，目前體重已經不到70公斤，而且數字還在往下掉。

那你怎麼有時間發影片呢？其實是有一個員工透過AI來製作的，我花的力氣幾乎沒有。但是我覺得我的內容能啟發別人。

有個很久沒有碰面的朋友告訴我，他因為失戀又失業。看到我的文章深受啟發。覺得我遇到的困難比他大很多。而我都這麼堅強。

醫院有安排心理臨床治療師，心理治療師每次跟我談就一直探索我是不是有輕生的想法。沒有。

問我原生家庭時的痛苦。我說只有我給原生家庭帶來痛苦。

一般花一個小時談，但我大概10分鐘就結束了。

醫生發現我無比樂觀！

1月5日, 2025 2:23:14 下午

今天還是沒辦法下床洗澡。

還是只能請護士來幫我擦身子,昨天那位帥護士比較忙。

所以換了一個小可愛護士,講話輕聲細語,但是擦澡的速度非常明快。

.

.

.

小可愛護士是男的。

1月11日, 2025 11:27:43 上午

醫院的心理諮詢師來見我,我們很少交流過深,通常他關心我身體的狀況,問我有沒有什麼困擾,然後我們的交流就會非常簡單的結束。

他問我對未來有什麼計畫?我說沒有,若有痛苦就度過每一刻的痛苦。想一些太遙遠的事情,反而會給自己造成壓力。

體重回復到65公斤,這個好像是我高中時候的體重。足足掉了20公斤,難以想像。

弟弟特別擔心我有肌肉無力症,目前我下床走路,雙腿會發抖。不過我不是特別擔心。

2025年真是紛爭的一年,感覺今年是世界重新組合的一年。

對於我的身體也是,聽說骨髓移植之後會換血型,而我弟弟的血型和我是一樣的。

我目前的身體沒有太多的抵抗力,像一個新生嬰兒一樣。一點點病菌都可能擊垮我,所以我必須要非常地保護好自己。

2025年,雖然我還在病痛當中,雖然見到了曙光,但仍渴望見到光明。

人們說我現在的狀態像重生，如果我能夠激勵到你。2025年假設你遇到低谷，希望你和我一樣，一起重生。

1月16日, 2025 1:44:45 下午

有朋友好意讓我許個大願，啥病好就一輩子吃素，或是蓋大廟。我一律不理會，因為類似的事情太多了，容易造成我的壓力。

另外，缺業績的朋友暫時不要找我。啥買儲蓄險，證券開戶啥的。都不在台灣的人，數日子康復的人，這些東西都太多負擔了。捧不了場，抱歉。

1月17日, 2025 1:45:11 下午

在昏昏沉沉的時光中，醒了又睡。夢境通常很明亮祥和，能無憂的休息對我來說是悠然。

我跟弟弟說，現在清醒的時間大概只有六個小時，其他時間大部分都迷迷糊糊睡覺當中。

有些人給了一些寶貴建議，例如多下床，鍛鍊一下腿部肌肉。有些人建議我多吃點東西，因為體重從85掉到65不是開玩笑的。

我意識到，大家對我仍是有所期待的。畢竟是大俠，在千次萬次表現中，還是大俠。過往相處的光華讓他們見識了我的堅韌。

不過我是從困途中歸來的人，一切都是重生。

骨髓移植剛滿一個月左右，肌肉跟飲食的狀況沒有達到正常人。但是現在已經能下床走走十分鐘了；雖然大部分的時間裡只能喝流質食物，例如癌症專用飲品，但是能維持身體機能所需及熱量。

不是特別擔心。

有骨髓移植的前輩說，他大概半年到一年之後才能勉強走動；我才三十天就達到了。有骨髓移植的前輩說，他大概過了很長的時間，身體的味覺才恢復；而我已經可以感受到

甜味跟苦味了。(對了!這是很神奇的事情,我味覺全部改變了。)

所以不是特別擔心恢復。我在復原的光陰緩步前行即可。不打算給自己過多的壓力。

我以前的想法是成為恆星一樣明亮的人,除了自己,也能照耀身邊的人。光芒是無限的,自己要閃亮。

現在心態改變了,認為即便自己不能成為恆星,那就不要成為恆星。

會有人記得有個人曾經努力要成為恆星去照耀他人!那就夠了。

1月20日, 2025 3:35:47 下午

每天清醒的時間好少,大概就6~8個小時。

大部分的時間都在昏昏沉沉地睡覺。

醫生問有沒有意識不清楚,講話亂七八糟,糊裡糊塗的時候。因為體內有病毒,有可能會併發腦炎。

其實我不好意思告訴醫生。

像我清醒時間這麼少,也沒錯過川普發幣,是少數買到的人。

還用自動化程式靠特斯拉股票賺到幾倍的回報。

然後,AI還在一直幫我自動拍影片。

#人間清醒

1月21日, 2025 4:04:58 下午

　　我一直是保險的反對者，可能是對這個行業有點了解（其實很無知）。

　　例如，我有幾個朋友是在再保行業當董事長或高階主管，再保險的意思就是保險公司背後也需要一個保險公司，通常叫再保險公司。所以站在我的角度來看，保險公司本身也存在風險。

　　除了一張非常基礎，保費低到讓人看不起的保單之外。我沒有其他的保障。我總覺得生病也能夠自己負擔。

　　我從2023年年底懷疑自己得了淋巴癌，在台灣短暫治療之後，在2024年5月開始，就是一直長期在香港醫院的病床上。

　　對於一個我這種台中小鎮底層出生的，其實骨子裡那種儉樸的基因還在。

　　而香港又是在2024年贏得全球最昂貴生活成本的城市。對於罕見的淋巴癌疾病，還是末期。會有一些很昂貴的藥，需要跟美國藥廠買，例如，我要連續吃上一百天，價格簡直不能忍。醫院在我危險的時候，即時幫我打的救命針，對我來說都是難以想像的天文數字。

　　所以每次看到醫療花費都心痛，後來我索性不想了解

了，讓家人付錢就完事了。

我有時候在想，如果那時候我買了合適我的保單，可能結果會很不一樣。我談過兩個保險業務員，他們都因為我認知有限，又固執堅持己見，最終沒有說服我買下合適的保險。

人終究要為自己的認知有限買單。

生病期間，有人看我病著，還了我錢。也有人不管你生不生病，還是來借錢。真是啥人都有。兩位企業家朋友（因為沒通知，他們意外得知我生病的消息），表達想經濟支持我的想法，我全都婉拒。

哥幸好有點餘糧，能靠自己在異鄉看得起病。真是感恩。

我知道我有朋友在做保險，在我底下留言，我會給你們按讚。

1月22日, 2025 9:43:12 上午

當我遇到疼痛時，通常會用一些方法，把紛繁與複雜剝除，這樣便能忽略痛楚，靜靜穿越其中。

那些固定的做法，總是異常有效。有種飄在空中看見自己的感覺，透過呼吸本身帶來平靜，疼痛就沒有理由的減輕。

醫生改了藥的劑量之後，我的臉部紅得跟關公一樣。

鼻子容易乾燥，一直處於極度不舒服狀態。

但也有好消息，好消息高揚地說。

我從流質食物晉級到可以吃一些固體，昨天吃了三根麵條跟四片青菜。

今天上午，完成十五分鐘原地抬腳。平安的路徑感覺是在前面了。

昨天海瑞斯同學去參加德意志銀行私人銀行的餐敘，主要聽2025年的管理資產方向，全程英文。以前我們是一起參加的，現在我只能在床上。

到時候在我清醒的時候和我分享，其實我很可能也不一定能弄懂。2025年看來是動盪跟機遇的一年。

寫完！繼續睡覺。

1月22日, 2025 10:15:51 上午

學校老師告訴我,好好準備論文,今年放我畢業。

不過,目前沒能力跟心力準備。

1月23日, 2025 11:26:11 上午

本人有嚴重腰椎間盤突出的問題,多嚴重呢?基本上太軟的床都睡不了。

為了解決這問題,以前經常來往復健科,中醫針灸。

更離譜的是,我還曾經收購過一間瑜伽館,因為練瑜伽能解決我的腰痛問題。

所以我長期睡硬板床。

我印象深刻的是2023年6月我在大阪,旅行數日,腰痛到站立不起來。酒店的床放著不睡,就在通道上鋪一層床單,睡地上。

但是自從我接受弟弟的骨髓移植之後,腰椎間盤突出的症狀消失了,徹底沒了,也不需要睡硬板床了。

骨髓移植真是好神奇的東西。

1月23日, 2025 12:33:30 下午

　　其實很簡單：如果人生有百年，你已經過了中線。雖然還沒到終點，但已經能看見它。所以，現在該開始提前規劃了。

　　在日本，有一個概念叫「終活」，也就是「人生的整理」。從50歲開始，你就應該著手整理：

　　到了60歲，把所有銀行帳戶合併成一個。

　　到了65歲，賣掉那些已經不再使用的興趣愛好工具。

　　到了75歲，把所有個人物品精簡到只剩下一個手提包，拿起就能走。

　　到了80歲，把後事的一切準備好，讓幫你處理的人可以輕鬆應對。

　　越早開始「整理行李」，生活就會越輕鬆、越簡單，也越從容。

第四部

人生倒數的二十堂課

重新定義疾病與生命

一、醫療體系也在變革，從治療到康復的轉型

對於癌症，我們有很多恐懼。我依稀記得2024年5月28日，我在香港瑪麗醫院門診病房被醫生宣告自己確診了淋巴癌末期，一種叫Extranodal NK/T cell lymphoma的病。極惡難纏的癌症，台北的醫生曾經這麼說過。

確診之後，我反而很安靜，最純正的靜。天地間沒有光。家人聽聞此事，紛紛落下淚來。醫生像平常一樣只是告知了我確診的事情，像店員告訴客人這餐飯你要付多少錢那樣平常。當我詢問我還有多少治癒的可能？能不能存活。醫生說，只有治癒成功和治癒失敗兩種，不要管治癒率，而醫院方面會盡一切的努力。

我日後想起，再也沒有那樣的黑暗了。得知確診消息對病人和家屬實在太過痛苦了，光都見不到了。

但真實情況是如此嗎？

我們自立自強，開始尋求第二醫療意見。拜訪了一位權威私家醫生，醫生說，在他醫療經驗裡，自己沒有見過NK/T末期治癒成功的案例。

離死亡很近了。

生命裡落滿了紛紛揚揚的絕望，住院，接受化療。在一位難求的癌症病房。採用了香港大學自研的化療方法SIMPLE，這是香港大學多年臨床科研的經驗所總結而來的方法，我一度充滿信心。

但很快，醫院就告訴我，第一次化療失敗。

7月15日，改變化療方案，由第一期的SIMPLE換成SMILE。對我來說是很大動靜的大事，因為之前理解，也是醫生教育我們的，如果SIMPLE有效的話就會持續下去，如果失敗的話就換化療方案

後怕，醫院還發現了癌症已經擴散到中樞神經系統。因此，SMILE會比SIMPLE更適合。

再次諮詢第二意見，去了香港養和醫院，約了梁教授的時間。梁教授說，需要儘快進行骨髓移植，但他個人沒見過NK/T末期的病人成功走到骨髓移植階段。

我年輕時，充滿了活力與生命力，整個人閃耀著火熱光環。隨著噩耗頻來，我的生命之光裡滲入了太多的苦難和黑

暗，難道生命只能悄然流逝？

但真實情況是如此嗎？

現在的我，已經順利完成了來自親生弟弟的骨髓捐贈移植，雖然仍有一段康復之路要走，但是我已經走出了兩位知名醫生的臨床經驗。遠比想像中樂觀，不是嗎？

這裡我要跟你分享我的課題之一：

癌症的醫療體系也在變革，深刻而震撼，基於過往的經驗不一定能反映現在。過去，癌症治療還停留在傳統手術、化療和放療「三駕馬車」時代，如同一座座高聳的長城，堅固卻也顯得有些僵硬。如今，我們正邁向一個全新時代，從單純的治療到全面的康復，癌症醫療體系正在經歷一場前所未有的蛻變。

癌症治療的未來，不僅僅是消滅癌細胞，更是幫助患者重建生活。在傳統癌症治療中，醫生們常常專注於疾病本身，而忽視了患者作為一個完整個體的需求。手術的創傷、化療的副作用，讓患者在與病魔抗爭的同時，也承受著巨大的身心折磨。然而，隨著醫學技術的進步和人文關懷的覺醒，逐漸意識到，癌症治療不應該僅僅是「去中心化」的疾病對抗，更應該是一個全方位、多層次的康復過程。

醫院裡面有位老護士曾經告訴我，她說二十年前，我的病症就是等死，但現在不一樣了，存在了治癒的可能。

現代化的醫院中，引入新的理念和技術，方法非常多元，諸如精準醫療的基因檢測、個性化治療方案的制定；從心理干預的介入、營養配餐，到康復護理的全程陪伴，每個環節都像是一塊精心雕琢的磚石，鋪就了一條通往康復的光明之路。醫院的角色不再只是冰冷的「治療者」，而是成為患者生命旅程中的「領航者」。

　　在病房裡，一個人睡覺的日子，我時常覺得冷，我的冷是沒有第二雙眼睛發現的。我的冷暖，除了自己感知，再不會被第二個人發現。但是深夜巡房的護士，看我抖著，就會多拿來一條棉被，為我蓋上，而上午探診的醫生也會即時知道我的身體正在凍著。其實，醫院的變革進步，讓病人的治癒率以極高效的方式進步著，而且尚未止步前進。

　　「山重水複疑無路，柳暗花明又一村。」

　　　　　　　　　　　　　　　　——宋・陸游〈遊山西村〉

　　癌症，或許就是那座山峰，而醫療體系的改革之路，就是那束穿透雲層的光。

二、認知自己患癌，有陰影，　但生命的曙光也會灑落而下

　　我患重病了嗎？是什麼癌症？嚴重嗎？我會死亡嗎？我

問著自己，猶疑不安著，但2023年11月的我沒有答案。不過，我明白我右下巴的淋巴長了像球一樣的結塊，甚至導致我的臉都變形了，像是一個逐步走向面癱的患者。

陽光透過窗簾灑在床邊，我向後墜去。

我與以往不同，甚至不再是以前那個積極向上且努力工作的自己，每天都有無盡的疲憊襲來。

我經常在床上大量睡眠，但那也說不上是睡，似醒也非醒，但疲憊讓我無法大量處理工作。工作內容被切割成一個又一個逗號，難以延續完整。

馬上要過年了。11月份的我想趕緊把深圳辦公室的工作收尾，計畫返回上海，上海辦公室仍有一些事務需要處理，見見那兩隻我分外思念的小貓，Barney和Bazou。同時去瑞金醫院看看，據說那兒有頂尖的血液科醫生，也許他們知道我這淋巴結是怎麼一回事，良性？惡性？

接著計畫熱鬧俐落地返回台灣家過年。

過年！其實對我來說奢侈不過了。我是一個工作奮鬥者，拚了命地工作並在其中攫取成就感，那就是職業打工仔。即便在光鮮亮麗的企業，我被豢養著，只是有人拚命工作，有人選擇在生活與工作間平衡妥協。

各自都有代價，結果就擺在那裡。選擇工作奮鬥者，失了生活與工作的平衡，更可能犧牲了健康。有些以家庭為主

的工作者選擇了遠離，但我選擇了積極面對，工作裡也有許多東西吸引著我。看來我很難擺脫認真工作的狀態，算症狀嗎？因為我每次完成一個項目都在奔向成就感的路上分泌多巴胺。

但是身體是誠實的，會反映一切。如果你過度透支身體，生命會用另一種形式在時間中放棄繼續往前存在，它可能迫使你縮短你的時間盡頭。那麼你能做的，只剩下在有限的生命時間裡，設法活成自己想要的樣子，但時間卻不允許。

童年的自己、青年的自己、壯年的自己、老年的自己，遍佈在這個時間的曠野上，密密麻麻地。曾經，你會以為生命是無限的，可以肆意揮霍。然而，癌症會讓你明白，生命其實是一場有限的旅程，每一刻都彌足珍貴。

我常常回憶起童年，並想在童年那一刻快樂的時間駐足。我十分思念已經離世的父親，經常在夜裡獨自落淚思念。我記得父親第一次上街帶我吃冰，我選了自己喜愛的味道，那慈愛無以復加。我追溯逝去的童年：我活在吃冰的那一刻，父親還在，沒有衰老，沒有死亡。但是生命的可能逝去，記憶中的甜味卻讓我哭泣一整晚，難以自已。

時間！是不是也無法在我身上駐足了？就像父親一樣。

癌症對我來說，最大的區別在於我的人生將被分為「確

診前」和「確診後」兩個截然不同的階段。

　　我確診前經歷了將近六個月的發燒、疲憊、無力等各種難以想像的狀態。我被悲傷與負面的情緒瀰漫，沒有出路。各項的醫院檢查都告訴我，你即將確診淋巴癌，但卻又無法證實是哪種淋巴癌。這是「確診前」的狀態。

　　「確診後」是另一個狀態。在確診後的日子裡，我常常獨自坐在窗邊，望著窗外的天空，心中滿是感慨。曾經，我以為生命是無限的，可以肆意揮霍。然而，癌症讓我明白，生命其實是一場有限的旅程，每一刻都彌足珍貴。這種認知讓我開始重新審視生活的意義，不再將自己定義為「癌症患者」，而是將自己視為「生命的探索者」。

　　「確診後」就是無止境的疼痛。那樣的疼痛刻骨銘心，關乎身體、關乎靈魂。那樣的疼痛，不管過去多少年，可能都不會忘記，即便痊癒還是會從深處感受到疼痛。也因此，有人忍受不住，選擇了保守或安寧治療，而不是積極面對疼痛。

　　這裡我要跟你分享我的課題之一：你要認知自己可能患癌了，並去面對、準備、應對所有可能發生的事情。如果你準備得夠充分，有陰影，但生命的曙光也會灑落而下；如果你準備得不夠充分，生命的曙光將會被遮蓋，你的存活機率會降低，這是一個科學的問題。

當然,這裡也會有一些預防者,他們認知到現代社會中癌症的普遍性,早在自己的身體上投資了許多。我建議健康的你應該先成為一名預防者。

三、我的心境弧光,從恐懼到接納的旅程

父親因為肺病而離開人間,有長達幾年的時間都躺臥在醫院的病床上。他呼吸時大部分只能仰賴機器,母親、我、弟弟、妹妹在當時輪流承擔起看護父親的工作。一直到父親生命的盡頭,父親都極其樂觀,認為自己一定會好起來。但一直到了病症末期,父親才逐漸接受到,即便自己好轉了,身體也不可能恢復到原先的狀態。

我記得他雙眼直勾勾地盯著醫院的天花板說,還有好多願望沒有實現,想去旅行,有好多地方想去⋯⋯父親像個戰士一樣積極地配合治療,但一直到臨終前幾個月,才接納這殘酷的現實。

弟弟在為我捐贈骨髓後,看著我在病床上痛苦的模樣,不忍但又誠實地和我分享父親的例子:「你應該接納,即便你治癒了癌症,你也有可能恢復不了之前病前的狀態。不再是普通人。」罹癌過程,除了病症本身,需要接納的事情遠比想像中多,很容易讓人陷入煩惱。

在經濟上，我只有一張保費低得可憐的保單，面對高昂的醫療費用，我曾以為自己可以獨自承擔，畢竟我骨子裡有著台中小鎮孩子那種節儉的基因。然而，香港是2024年全球生活成本最高的城市，對於罕見的淋巴癌末期，需要從美國藥廠購買昂貴的藥物，連續服用一百天，費用之高令人咋舌。醫院在我危急時刻打的救命針，對我而言都是難以想像的天文數字。患病後，我無暇顧及原有的生意和團隊，團隊士氣低迷，業績不佳，我在中國的部分資產也迅速貶值，最終不得不降價出售上海的房產來解決問題。

家人為了照顧我，身心俱疲，甚至需要定期接受心理治療醫生的看診。而我，當時仍在攻讀博士學位，即將畢業，卻連完成論文都遙遙無期。

曾經，我恐懼與親人陰陽兩隔，害怕那些還沒來得及追逐的夢想就此破滅。每次閉上雙眼，黑暗盡頭那深不見底的溝壑彷彿正張開血盆大口，迫不及待地要將我吞噬。化療期間，身體的折磨讓我苦不堪言，大把頭髮脫落，看著鏡子裡日益憔悴、頭髮稀疏的自己，我彷彿在目睹一朵凋零的花，生命的活力正一點點流逝。無數個難捱的夜晚，我獨自蜷縮在病床上，淚水止不住地流，浸濕了枕頭。我在心裡一遍又一遍地質問：「為什麼是我？為什麼要承受這樣的苦難？」癌症在身體裡肆虐，彷彿在向我耀武揚威，肆無忌憚地挑戰

生命的極限。

我以前的想法是成為恆星一樣明亮的人，除了自己，也能照耀身邊的人。光芒是無限的，自己要閃亮。

心態改變了，認為即便自己不能成為恆星，那就不要成為恆星。

會有人記得有個人曾經努力要成為恆星去照耀他人！那就夠了。

接下來我會和你分享，我的心態從恐懼到接納的旅程。如何在復原的光陰裡緩步前行即可。不打算給自己過多的壓力。

這裡我要跟你分享我的課題之一：

首先，我改變心態，像個戰士一樣積極地配合治療。家人和我主動查閱各種關於病症的資料，積極與醫生交流病情、探討治療方案。

家人和我加入了病友們相互分享經驗、彼此鼓勵的群組。那些溫暖的瞬間，如同點點星火，漸漸匯聚成驅散陰霾的力量。醫護人員無微不至的關懷，家人不離不棄的陪伴，讓我真切地感受到，我不是一個人在戰鬥。治療不僅僅是身體上的疼痛，更是心靈的康復。

我採用的方法是經歷當下的疼痛，度過疼痛，讓自己以舒服的方式面對治療。當發現自己過度憂鬱時，透過冥想呼

吸等方式讓自己體驗美好感受,不過度沉溺在憂鬱當中。接受生命的一切,是人生最重要的一課。

每一次挑戰,都是對生命的考驗;每一次突破,都是對希望的堅守。在歲月的長河中,每一刻都值得銘記。

我的父親叫春財,病癒後,我仍會旅行,遊歷四方。我會帶著春財的記憶去旅行。我接納了父親離開的事實,也接納了自己沒有那麼有光芒,即便成為不了恆星也沒關係。

四、豢養自己的生命的堅韌與希望

我經常想起父親,想起他躺在病床上的樣子。他的呼吸聲和機器的節奏交織在一起,像一首沒有盡頭的交響樂。聽著那聲音,堅韌被拉得很長,長到足以讓我壯大自己。

悲傷的時候,我問自己:「你還有多少時間?」這個問題像一隻無形的手,會緊緊攥住我的心臟。但是想想父親即便到臨終前,都還心心念念盼望著身體好轉,盼望著去旅行。

他說:「我還有好多地方想去。」那句話像一根刺,一直扎在我的記憶裡。而現在,我也站在了同樣的路口,生命的輕與重,像一場永恆的辯題。

那一刻,我意識到,生命的堅韌並不是一種與生俱來的

力量，而是一種在黑暗中摸索的能力，這是我從父親身上學到的。

內人有次去列印我的相關病例，結果是整整兩箱紙，她特地拍照給我。我看著那張照片，時間彷彿凝固，畫面定格在某一幀。我思考，醫院仍在努力治癒我，家人仍在為我擔憂且承受著，友人仍在為我們祈禱，還有正在經歷抑鬱症的太太。那麼，他們比我樂觀，為什麼我不樂觀？不堅韌，不抱有希望呢？

生命是什麼？是輕盈的羽毛，隨風飄蕩，還是實實在在的重量。想到這裡，很多答案都清楚明晰了。

我的生命中有許多愛我的人，特別是家人。當家人得知我需要骨髓移植，立刻就在台灣的醫院安排檢查，有幸弟弟的骨髓與我匹配，他便向任職的公司請長假，理由是到香港進行骨髓移植。這個假很長，需要長達幾週到一個月的時間，但他克服萬難成功請假了。

一開始胞弟每天都來醫院看望我，但直到骨髓移植期間。弟弟在醫院看著我痛苦，看著醫生在我生命危險時，為我施打救命針。「我不來了，看著難受。」他的聲音很低，卻像一把錘子，敲在我的心上。但即便是這樣，處處為我著想的弟弟仍跟我說：「你可不可以凡事先考慮你自己為主。」囑咐我一切以自己為優先，再考慮其他人，包含家人。

第四部　人生倒數的二十堂課　｜　179

我與弟弟年紀相差不小，小時候經常搬家，讀書與就業都在不同的城市，我們有限的相處時間經常是童年以及節慶我返回台中老家。與家人相處的時間經常是有限的，因此我們盡可能相約旅行，去過許多美好的國家，見過許多夕陽。弟弟比我高，每次拍照時，他的影子被夕陽拉得很長。有時候有種錯覺，他不是小時候弱小的胞弟，他是勇者，現在我身上流淌著他的骨髓，重生。

　　化療的夜晚總是特別漫長。我躺在床上，聽著耳機裡喜歡的音樂，音符像雨滴一樣落在我的皮膚上。這時候特別適合思考，很多事情想得明白。對我來說，忘記疼痛，忘記恐懼，但要記住希望，設法度過每一刻的痛苦，就是我應該要做的事情，不需要過度擔憂。

　　由於我加入了癌友群組，病友經常分享自己的成功癌後康復經驗，這裡面不乏已經被醫生宣判沒有多少日子可以活的病人。但是他們憑藉著自己的樂觀與毅力，許多人已經返回正常生活。

　　我正值壯年，身體康健，而且經常保持運動習慣。如果他們都能樂觀，為什麼我不樂觀呢？「不要考慮治癒率的問題，只有能治好與不能治好」，醫院的醫生也是這樣告訴我的。

　　我曾經很努力活著，像一顆星星，即使在最黑暗的夜

晚，也會發出光芒，所以在工作上頗有成就。醫院的病房是一個狹小的空間，我在那裡待了近一年的時光，常常盯著病房裡的每一個細節思考，腦袋清晰就會見到一片我從未見過的星空。

努力活著，像一顆星星，即使在最黑暗的夜晚，也會發出光芒，這是存在的虛無與意義。也許你能照亮他人，也許你只能照亮自己，但這都是生命給予我的禮物。

生命的堅韌並不是一種與生俱來的力量，而是一種在黑暗中摸索的能力。它需要我們接納現實，但不要放棄希望；需要我們面對疼痛，但不要失去對未來的信心。希望並非遙不可及，它藏在每一個平凡的日子裡，藏在每一次呼吸中。

而這些可以透過思考、冥想、祈禱等很多方式來鍛鍊與精進。

愛與聯結的本質

一、家人用眾多的愛,來關懷一個可能隨時離去的肉體

罹病的日子裡,時間像一條蜿蜒的河流,時而湍急,時而平緩。家人的愛一直在陪我一起面對。不知道未來會怎樣,擔心像是竹籃打水,並做得心安理得與煞有介事。這樣就能抵擋住命運的洪流了吧!其中一個關鍵,就是我們共同去學習淋巴癌的相關知識,從無到有,再到裝得滿滿的。

內人買了很多關於癌症的書,那時尚未確診。這些書籍當中不乏醫生、患病者、營養師對於癌症的見解。其實,事後來看,其中也有一定比例的偽科學,或是錯誤的謬論,但那時我們像抓住救命稻草一樣,拚命地學習。但隨著我們對於病情的理解,我們面對病更從容了,經歷了許許多多,你們看到與沒看到的。

內人本身是一名優秀的企業家，我患病後，她決然地放下了事業，做了一個一百八十度的角色轉換。決定當個陪伴者、看護者。有種明知凶險，毫不猶豫地偏要硬上。其險在於我們原來的經濟與事業需要收縮，她好把更多的時間挪到我身上來。在2023年11月開始，我們從上海返回到台灣，她也從企業家，真正成為一位全職的陪伴者、看護者。「先生是家裡的頂樑柱，不能垮。」她說。隨之的代價也很明顯，事業與資產的萎縮是可以預見的事實。但是我們欣然接受。

　　內人以往脾氣不好。但後來她看住了自己的脾氣，這是楚河，那是漢界。她分得清，她說：「患淋巴癌的人，往往是積累了太多無處宣洩的情緒。」因此，她在心裡立契約，溫柔待我。

　　我經常覺得內人的工作是最隱忍、最偉大的工作之一。一開始就要面對千瘡百孔、鏽跡斑斑的一切狀況，沒有輕，只有重。

　　我老家在台中，為了長期看病，一開始台中、台北高鐵往返，後來乾脆在台大醫院旁邊的酒店長期住宿。在2024年5月開始，我們開始在香港治療我的病情，先是住在荃灣的家裡，但離醫院甚遠，我們在醫院附近酒店長期住宿，再後來，索性在醫院旁邊尋找長期住宿所在。我們搬了數次

家，這些都是內人獨自面對，而我在病床上，大部分都幫不上忙。

「遇到問題就解決，用尖喙把它銜出來，讓問題知道我的厲害。」內人有時強硬得彷彿她才是家裡的頂樑柱。

家人的偉大在於，他們用眾多的愛，來關懷一個可能隨時離去的肉體。可能無常，可能無效。但是家人的愛眾所周知，有時不說出口。家人的偉大在於，當必須經歷苦難的某個時刻，所有的人都會拋下一切手上重擔來和你一起面對。

而我的治癒率與香港、台灣兩地家人共同扶持不無關係。

這裡我要跟你分享我的課題之一：

我想聊聊家庭支持與癌症患者生存率的關係。學者做過研究，癌症治療中，心理社會因素（如家庭支持）對患者預後的影響長期被低估。這個研究證明，家庭支持的患者，5年生存率比獨力奮鬥高15-22%。當時主要癌症研究類型：乳腺癌（佔比38%）、結直腸癌（25%）、肺癌（15%）。特別是在乳腺癌患者中，效果最顯著，可能與激素敏感性腫瘤對壓力的生物學反應更敏感有關。

這個發表在頂級期刊的研究首次系統證明，家庭支持不僅是心理安慰，更是影響癌症生物學進程的獨立預後因素。

在有家人支持的病患身上，患者的免疫增強，自然殺傷

細胞（NK細胞）活性強，甚至可識別並清除癌細胞。

病人的壓力也減輕了，高支持組患者的唾液皮質醇水平降低17%，慢性壓力減輕可抑制腫瘤微環境中的血管生成。

化療成功率也提高了，家庭支持強的患者完成化療全程的比例提高31%，減少治療中斷導致的復發風險。

所以我以親身經歷，以及科學期刊論證告訴你，家人的愛與關懷有多麼重要！！

二、家人之間坦誠與共同決策，不隱瞞

》**真相被啃得七零八落，最後佈滿保護牙印的骨頭**

我喜歡看韓劇，尤其是那些描繪家庭衝突的故事。劇情常常是這樣展開的：家庭長輩成員病重，到醫院就醫，送醫後發現體內有腫瘤，全家人陷入愁雲慘霧，隨後召開家庭會議，最終決定共同隱瞞病情。最後的決議就是共同隱瞞發現腫瘤的真相。

熱騰的保護心理，卻藏著冰冷的秘密心事。家庭成員鼓勵著長輩，並嘗試提供所有力所能及的一切資源來治療長輩。但因為隱瞞了真相，總會有些蛛絲馬跡，但基於「保護」家人的心理，大家依舊共同隱瞞真相，好讓長輩安心。

幾次家庭聚會，大家聚在一起，不言不語，都很疲倦。大夥兒各自有各自的生活與煩惱，頰骨上，披掛著不息的擔憂與辛勞。

挺熟悉的，不是嗎？這些情況不僅僅發生在韓劇，在亞洲的電視劇中也是很普遍的可能劇情。劇情附著像是一張變混濁的白紙，又無法盡廢其白，也無法盡廢其黑，最後是一片唏噓顏色。

在亞洲文化中，家庭成員更傾向於隱藏負面情緒以「保護患者」，但這種過度保護可能阻礙患者表達真實需求。西方文化中，開放的情感表達和共同決策更普遍，且與患者心理適應性正相關。

我和家人之間對於病情的真相，很早就達成共識，就是坦誠與共同決策。我們共同面診，一旦解讀醫生給出的消息，不論是好的壞的，都要一起了解所有資訊，並在共同的認知下進行決策。這不僅是治療病人的方法，更是治癒心靈的方法。

因此，當我們看完診後，我們會第一時間把所有看診時的重點形成文字，並分享給所有家庭成員。家庭成員也會依據自己的認知，提供可能的看法。我們有一個自己的群組，經常頻繁共用這些資訊。群組成員也會依據醫生看診的意見，依據自己的經驗和認知，透過諮詢或網上調研，繼續堆

疊意見。

　　我在台大醫院看病時，醫生經常稱讚我們，「可能是今天面診的病人當中最認真的」。他屢次把我們整理的資訊拿走。例如，當我們懷疑所患淋巴癌是AITL或PTCL-NOS，是不是五年存活率大約在30%到50%之間時，我問醫生是否準確。

　　醫生立刻說，2015年之後有很多癌症新藥上市，存活率沒那麼低啦。

　　接著他還說，因為我的病情反覆很特別，台大的腫瘤醫生們會聚在一起小組討論。我的病情在小組內被做成案例探討研究。接著他稱讚我是非常認真的病人，還把我整理的表格要走。

　　我們蹚過它，這永難填平的認知本身。就是家庭成員共用所有資訊，特別是病患本身有得知自己病情的真相。

　　這裡我要跟你分享我的課題之一：

　　有學者2020年在頂級期刊上做過研究。研究發現在全球化醫療背景下，文化價值觀深刻影響家庭對癌症患者的照料方式，但缺乏跨文化比較研究。研究對比了亞洲（中國、日本、韓國）與歐美國家家庭護理模式的差異，分析其對患者心理適應的影響。

　　發現亞洲文化有「保護性沉默」，68%的亞洲家庭選擇

隱瞞負面資訊（如預後不良），避免患者情緒崩潰；但真相是患者因無法表達疼痛或焦慮，導致症狀管理不足（如鎮痛藥使用率低23%）。

西方文化中的「開放協作」更值得參考。83%的歐美家庭鼓勵患者參與治療決策（如共同選擇化療方案）；開放溝通使患者的抑鬱量表（CES-D）得分降低19%，治療信心提升。

家庭過度保護可能適得其反。所以現在醫療都會強調跨學科整合的必要性，腫瘤治療需納入心理學、社會學及文化研究，實現精準支持。

在命運的舞台上，每個人都是自己的主角。透過坦誠與共同決策，才能夠更好地面對生活的每一個挑戰。

三、學會在流沙中，抓住愛與家人，物質無法替代情感需求

患病，都伴隨著欲言又止的無奈與抉擇，其中一項關鍵就是物質與經濟。

患病之前，我在事業上頗多建樹，生活過得燦爛飄逸。我有一定的經濟基礎，熱愛旅行，至今已經旅歷超過全球不同城市不下一百城。

我的旅行也不似常規的旅行，我常利用上午曙光乍現時工作，那是亞洲團隊的工作時間，一直工作到中午用餐，再利用下午時光在歐洲各地旅行，我像一隻候鳥，在時區之間遷徙。上午屬於亞洲，下午屬於歐洲，這樣的日子持續了很長時間。我甚至會在一個城市待上長達一個月的時間，試著融入那城市的節奏，享受那城市幽谷的空氣。

我常在午夜夢迴時想起那些城市的晨光。巴黎的黎明總是裹著一層薄霧，像未醒的夢；東京的晨曦則鋒利如刀，將天空割裂成無數碎片。我曾在這些晨光中工作，鍵盤的敲擊聲與咖啡的香氣交織，構成了我生活的韻律。

我常回憶起沿途的風景，那些森林和綠葉，沿途長滿了雛菊和葡萄樹，以及河岸上微風吹拂灑落的陽光。

我熟悉每個機場的氣味，記得每個城市的節奏。在普羅旺斯，我學會了在午後小憩；在維也納，我習慣了傍晚的咖啡館時光。一個月又一個月，我將自己植入不同的城市，像移植一棵樹，期待在新的土壤中生根。

但是，長期旅行就能獲得幸福嗎？有經濟基礎就能填補內心的空洞嗎？

樹木終究需要扎根。當我在醫院的白色房間裡醒來，那些飄忽的晨光突然變得遙不可及。化療的點滴一滴一滴落下，像倒數的沙漏。我開始明白，那些年追逐的物質與成

就，不過是流沙，握得越緊，流失得越快。

當然，我不是鼓勵人們忽略財務與經濟，那是非常核心的需求。唯有在經濟上有所基礎，才能維持生活上的生計水準。但是，物質無法替代情感需求。

如果你是一名關懷者，家人有人重病，千萬別輕易以為付錢就能了事，把重擔丟給醫護或是其他人。我認為七分的愛關懷能釀成結果，三分才是經濟。如此，才能成就病人的康健之路。

經濟支持或許能買到最好的病房，但買不到安穩的睡眠；能支付最貴的藥物，但無法支付內心的平靜。當生命的天平開始傾斜，我們才發現，真正重要的從來不是那些可以計量的東西。

患病之後，讓我更明白一件事情。我像許多人一樣，追求物質經濟上的富足，以為擁有了更多的財富和物質，就能獲得幸福。癌症讓我重新審視這一切。答案顯然是不夠的。

這裡我要跟你分享我的課題之一：

許多醫療期刊都做過相關研究。情感支持對癌症患者的心理適應和生活品質有更顯著的影響。物質支持主要用於解決實際問題，對心理健康的直接影響有限。情感支持和物質支持相結合可以最大化患者的生活品質。

雖然很多人都會覺得經濟壓力對癌症患者心理健康的影

響很大,但其實不然。太多研究表明,癌症患者在治療過程中,經濟壓力會顯著增加患者的焦慮和抑鬱症狀,而經濟支持(如保險、補助)可以部分緩解這些壓力。然而,研究也發現,經濟支持無法完全替代情感支持對心理健康的積極作用。情感支持(如家人的關心、朋友的陪伴)被認為是緩解心理壓力的關鍵因素。

試想一個場景,因為家人重症,但礙於你處於事業上升期,在公司也屬於核心幹部。此時你父親重病,但你的時間無法分割,因此你可能會面臨一個決定,在事業與家人之間擇其一。這個選擇很重要,如果做錯決定,你可能會在夜裡想起來,這成為你一生中後悔的事之一,遺憾便落滿了南山。

曾見過企業高管因工作壓力過大猝死。我們都在追逐什麼?是銀行帳戶裡的數字,還是辦公室的頭銜?當生命進入倒數,這些還重要嗎?

唯有對家人的愛與關懷能戰勝一切。

四、依賴不是軟弱，而是人性

》依賴他人不是軟弱，而是重生

天曉得，在我面對抗癌困境時，我有多麼多麼依賴他人。

不論是化療還是骨髓移植，我在歷經種種痛楚之後，自己體悟的心得，解決痛苦問題的最上乘方法是：靜觀其變，順水推舟，過一天算一天，依賴他人。許多以前堅持自己做的事情，在發現自己做不到之後，那些需要他人支援與幫助的事，都是在黑暗中摸索出來的。

在醫院期間，我身上裝著希克曼導管（Hickman Catheter），這是一種特製塑膠軟管，被安放在病人胸部的大靜脈內，用來輸送養料、液體、藥物、血製品及抽血等用途，裝了之後可以免除每次從皮膚穿刺之痛苦，無須每次輸液打針。我在最痛苦無法進食時，也是依賴希克曼導管輸送營養液到身體。骨髓移植時痛苦不堪，也是依賴希克曼導管輸送嗎啡到身體裡。那根名為希克曼的透明軟管，成了我與世界重新締結的臍帶。

但我的身體經常感到異常疲憊，那種疲憊感對我很陌生，曾經的我是如此精力旺盛。

而身上所裝的希克曼導管其實需要非常頻繁以及仔細的保養，因為導管可能伴隨病人很長一段時間，直到病癒。清潔導管的工作通常由我自己與護士共同進行，在清潔之後，護士將酒精棉片按在胸口導管處時，我總會閉上眼。昏昏沉沉的感覺像一顆重石，泛著疲倦感，拖著我難以繼續。經常因為疲憊而什麼也做不了。

　　護士需要與我共同配合希克曼導管進行殺菌擦拭，但身為病人的我甚至不清醒，沒有畫面，沒有力氣，只能感受到護士輕聲叮嚀。消毒水氣味瀰漫的瞬間，皮膚傳來冰涼觸感，像某種儀式性的淨化──以醫療之名，在肉體鑿出的孔道裡反覆擦拭希望。

　　「是時候洗澡清潔了，才不好耽誤清潔的時間。」既然疲倦這麼立體，在某種程度上我決定表達我的脆弱及依賴，這是以前辛苦工作的我很少出現的一幕。

　　「讓我幫你擦拭身體吧！」護士說。腔調不高，但我陡然獲得了一種安全感和依賴。

　　有時候，在面對苦難時，不需要掙扎靠自己，醫院裡已經有完整的體系，可以依賴其實才符合常理，而不是自己面對苦楚。

　　住院期間產生了大量的副作用，副作用之多，已經難以記憶以及筆墨形容。每次出現症狀時，即便自己當時還不太

能理解副作用所包含的意義,我第一時間記錄下來,並回饋給住院醫生。盡職的醫生也會即時開藥或是做出相應的處理。

我依稀記得2024年聖誕夜,內人在病房上數著我身上的點滴,同時滴液的點滴高達八個之多,過多的液體當時也使得我的體重陡增了六公斤水分。化療藥液在午夜沿著導管湧入血管,金屬味從舌根竄出,監護儀的電子音成為永恆背景聲。痛苦及副作用太多。「這是你的聖誕樹,祝你聖誕快樂。」內人把點滴的鋼製枝丫形容成聖誕樹,因為太飽滿。

我的做法都是設法度過當下的痛楚,不煩惱不擔憂,第一時間告訴醫院,並靜候他們的處理與幫助。

家人的幫助與呵護也是一種不可磨滅的精神力量,當他們提供幫助時,我明白家人希望與我共同奮鬥,也要讓我有活下去的信念。因此,對家人的幫助我不吝於接受,也願意依賴。

在那些痛楚的歲月裡,我看到了許多病人失去人格尊嚴的情景,尊嚴在病房裡有嶄新的定義。我也曾經發生數次嘔吐物浸透床單,讓鎮痛取代意志力成為生存夥伴。有次甚至下床跌倒,數分鐘都無力起身。似乎失去了尊嚴,失去了風度,像狗一樣賴活著。但我學會鬆開拳頭,任憑護士將溫熱毛巾覆上痙攣的背脊,擦拭嘔吐物。這些其實並非骨氣的喪

失，而是醫院病人的常態。

「他以前是上市公司高階主管呢。」有人語氣帶著憐憫說著。但我開心，終於不必再扮演那個無懈可擊的角色，在嗎啡製造的粉色迷霧裡。以前總想著自己不屈不撓地靠自己，以為孤勇是最高美德。現在我更多的是在無助的時候，接受他人的關懷與幫助。依賴並沒有任何不妥。

這裡我要跟你分享我的課題之一：

最新研究證實，這些由親友絮語、醫護叮嚀與病友絮語編織成的無形網絡，正以超乎想像的力度托住癌症患者的生命曲線。

有研究發現，擁有較強社會支持（包括家人、朋友或醫療團隊）的癌症患者，其生存率顯著高於社會支持較弱的患者。依賴家人或醫護團隊的支持可降低患者的心理壓力，提高治療依從性，並改善生活品質。

這項系統性回顧與薈萃分析整合了30項研究（涉及超過1.2萬名癌症患者的生命軌跡），揭開一道驚人的生存算術。探討社會支持（家庭擁抱的力度、朋友探視的頻率與醫療團隊關懷的密度疊加成複利）竟能產生五年生存率15-25%的增幅，尤其在乳腺癌與腸癌患者的治療曲線上。

因為社會支持降低壓力激素（如皮質醇），提高治療依從性（如按時化療），並減少心理困擾（焦慮、抑鬱）。這

是首次量化社會支持與癌症生存的關聯，推動臨床指南納入心理社會干預。依賴家人或醫護團隊的支持可降低患者的心理壓力，提高治療依從性，並改善生活品質。這也許是我所處的醫院定期安排臨床心理諮詢師來與患者交談的可能性。

更令人震撼的證據來自晚期肺癌戰場。當350名被宣判時日無多的晚期肺癌患者被隨機分入兩個維度，早期接受疼痛管理與心理支持的那組，竟意外改寫了死亡微分方程──中位生存期延長了2.7個月，且生活品質評分提高30%。

最新臨床指南將「社會支持系統」正式列為處方選項。

五、疾病中的愛情：浪漫化與現實的平衡

我曾看過一項調查，刻骨銘心。

慢性病患者的離婚率是健康人群的2.3倍。當愛情從精神共鳴降維為生存互助，角色轉換帶來的權力關係失衡往往成為情感崩解的導火索，最終導致情感關係破裂，彼此成了最熟悉的陌生人。

存在主義治療師歐文・亞隆提出「邊界情境」理論，認為疾病將人拋入存在本質的拷問場。在這個場域中，愛情既是止痛劑也是放大鏡，既可能催生超越性的靈魂對話，也可能暴露人性最深處的自私與怯懦。一個漸凍症論壇的匿名調

查顯示，38%的受訪者經歷過「倖存者愧疚」與「被拋棄恐懼」的雙重煎熬。

真實醫療場景中，揭穿了愛情的烏托邦謊言。愛情更多體現在清理造瘻袋的嫻熟動作，而非月光下的誓言。

年輕時，我喜歡濟慈的詩。

濟慈堪稱是英國歷史上出身最卑微的大詩人。父親是馬廄工人，在他8歲時去世，母親也在幾年後死亡，他依靠兄弟姊妹互相支持長大。20歲以後，他的唯一經濟來源就是寫詩，終生拮据。1820年，他患上了肺結核，第二年逝世，享年只有26歲。

當時，他正與鄰家女孩Fanny Brawne戀愛。他很珍惜這段感情，但一想到自己的身體和經濟狀況，就不勝煩惱，覺得前途渺茫。盼望逃避現實，像夜鶯一樣飛走，但這又不可能實現。

根據記載，1819年5月，他住在倫敦一個朋友家裡。一個黃昏，聽到花園的樹上有夜鶯啼叫，他心有所感，便寫下了〈夜鶯頌〉。

找到了自己所愛的人，「你已經在我身邊」，就連夜色也「如此溫柔」；但這段感情沒有希望，看不見「一絲光亮」；黑暗中「微風吹來」，四周是「陰暗的」環境，以及「長滿青苔的」彎曲道路，暗示內心的寂寞，以及前途未卜

的未來。

　　這段詩是這樣的：

> 你已經在我身邊！夜色如此溫柔……
> ……但是沒有一絲光亮，
> 四周只有微風吹來
> 穿過陰暗的綠茵，以及長滿青苔的小徑。

> Already with thee! tender is the night...
> ...But here there is no light,
> Save what from heaven is with the breezes blown
> Through verdurous glooms and winding mossy ways.
> -- Ode to a Nightingale

　　多美的詩句啊！詩中表達的情感異常貼切：找到了自己所愛的人，「你已經在我身邊」，就連夜色也「如此溫柔」；但這段感情沒有希望，看不見「一絲光亮」；黑暗中「微風吹來」，四周是「陰暗的」環境，以及「長滿青苔的」彎曲道路。

　　這裡，人們只能坐著互相嘆氣

在歲月的麻木中，聽任白髮飄零。

這裡，青年逐漸變得蒼白、消瘦，直至死亡；

這裡，稍一思考，就充滿悲傷

黯淡的眼神中只有絕望；

這裡，美神無法保住她的姿色，

新生的愛情第二天就消亡。

Here, where men sit and hear each other groan;

Where palsy shakes a few, sad, last grey hairs.

Where youth grows pale, and spectre-thin, and dies;

Where but to think is to be full of sorrow

And leaden-eyed despairs;

Where Beauty cannot keep her lustrous eyes,

Or new Love pine at them beyond to-morrow.

　　這段詩文也是我尤為喜歡的。現實生活讓病人明白內心的寂寞，以及前途未卜的未來。即便那女孩就在身邊，他一點也不敢奢想與女孩的未來。

　　在我罹病的日子裡，由於太多的悲觀消息，以及幾位私家醫生認為沒有治癒的可能，我也一度像濟慈一樣，認為自己的身體已經宛如廢鐵，是不是值得繼續綁住一段婚姻？還

是應該讓伴侶從看護的痛苦中解脫出來。我心想，若是後悔了，現在改變主意還來得及。這確實是掏心掏肺的內心話。

內人比我想像中堅強。從我患病之後，她從未表達放棄婚姻關係的念想，而且更加堅定與我完成這條治癒之路。

她至少證明我倆的愛情關係是不朽的。我和內人來自不同的文化，我來自台灣，她來自香港，彼此結合的婚姻本身困難重重，但我們相濡以沫至今。

重病患的看護工作十分繁重，不僅僅是身體及心理上的煎熬，更像是整個人的完全透支。為了因應我的照護工作，內人本來是一名企業家，毅然決然放下手上的事業，把企業規模縮小，騰出手來照看我，這一時間就長達一年多。隨著我還有兩年左右的康復之路要走，當初的付出與辛勞難以想像。

在我生病難以下嚥的日子裡，原本完全廚藝不通的妻子，居然按照食譜學會了台灣料理，並在香港超市裡試圖找到罕見的台灣食材，只為了讓不斷孱弱消瘦的我能夠吃上一口家鄉味。現在內人料理滷肉飯、三杯雞等台菜已經頗有心得，味道甚至不輸給台灣的餐館。

在病房看護我的日子裡，我經常看著她疲憊到睡熟。我望著病房裡熟悉的一切，恍如夢寐，心有說不出的滋味。想把妻子攬在懷裡，生怕她變成空氣，倏忽就不見了。我由衷

感激她的付出及不離不棄。

　　這裡我要跟你分享我的課題之一：

　　基於每個人的生活經驗不同，一般都會探索以自己熟悉的管道來治癒病症。這是一開始我選擇在台灣治病的原因，但由於癌症的種類過多繁雜，而且術業有專攻，由於太太的努力，讓我在香港的醫院體系得到醫療。該醫院是治療該病的權威，但由於語言與生活問題，導致我更多地仰賴太太的準備與照顧。而醫院與太太的看護，大大提升了我的生存機率。

　　我特地又查了醫療期刊的相關研究。

　　超過100萬名癌症患者的分析顯示，已婚患者的生存率比未婚患者高20%。伴侶的情感支持、經濟資源共享以及鼓勵就醫行為被認為是關鍵因素。

　　愛情關係與較強的免疫功能相關，可能降低慢性疾病（如癌症）的惡化風險。親密關係中的正向互動可減少壓力激素（如皮質醇）的分泌。

　　疾病（包括癌症）患者中，感受到伴侶的情感支持可顯著降低憂鬱風險，並增強患者對治療的積極態度。

　　這些完全不同的研究當中，都共同指出一個方向：伴侶支持確實能提升病患的生存機率。

　　但另外一個現實的問題是，癌症對於照顧者的壓力過

大,導致家庭、經濟、生活都出現了問題。這是需要雙方共同面對的難題。

六、在病床的縫隙中,尋找慈悲與感謝

　　一個出乎意料的淋巴癌腫瘤,像鉤子拖魚似的,把我拖到了異鄉香港,並且扔在這張又窄又小、墊子薄得可憐的鐵床上。你以為我會感到巨大的傷悲。

　　其實不然。在病房住院期間,我掌握了兩個方法,這方法能讓我抵擋沮喪和悲傷,擋住痛苦和其他可能悲觀的一切。現在,我要把方法教會給你。

　　像我這樣桀驁不馴、肆無忌憚的人,平時忙碌在事業上,甚少有機會靜下心來尋找慈悲與感謝。

　　有次,內人突然跟我說:「能不能我們一起進行感謝?」這意味著什麼?怎麼做?

　　一開始,我們嘗試從每日的生活中,找出至少五件值得感謝的事物。諸如:感謝今天血小板指數很漂亮;感謝今天抽骨髓液沒有經歷巨大的痛苦;感謝今天護理人員允許我可以下床了……

　　然而,不僅僅是病床上的。我們同樣也對生活表達感謝。內人可能會說:「感謝今天見了老朋友H君,她對我們

的處境感到敬佩，我們聊了很多愉快的事物。」

五件值得感謝的事情，也可以從很細微的小事開始。例如，感謝今天有一頓美味的午餐。

我們從微小的練習開始，直到我們可以細數的感謝事物從五件到十件。我們發現，值得感謝的事物太多，幾乎無法細數。而每次的感恩，都似乎讓內心平靜了一些，甚至能感受到身體也更壯碩了些。

我們也進行冥想。我會一些初級的冥想技巧，並把這些方法教會給內人，一起做呼吸練習。現在，我也分享給你。

哈佛大學校報有一種正念冥想的技巧，非常適合初學者。這是一個呼吸練習，你可以在起床後坐在床上或椅子上進行。

先找個地方，舒服地坐下。放鬆肩膀，把雙手放在膝蓋或兩旁。

閉上眼睛，觀察自己的呼吸。吸氣和呼氣時不要用力。專注於腹部的起伏。

試著數數字來幫助你保持專注。分心了嗎？意識到這點是好的。把它當作給你的提示，讓注意力重新回到呼吸上。

剛開始時可以這樣做五分鐘，然後逐漸將時間增加到每日十分鐘。

研究表示，正念冥想有助於令大腦安靜，降低身體的壓

力反應,並改善免疫系統。

罹病之後,我學到一個重要的功課,就是善用慈悲對待別人。過往的我,更多的是關注到自己,以及身邊所愛的人。現在,我也能夠以同理心來體察別人的心,而且形成自然的反應。甚至,我現在可以很自在地體察他人心裡的想法,將心比心。

醫院的醫護人員非常繁忙,且存在人手不足的情況。我透過觀察他們的狀態、立場、工作環境,甚至文化背景等方面的差異,深入細膩地觀察後,很快就能夠感同身受。隨著日子的拉長,與對方相處時間久些,我甚至能夠直接推測護理人員可能發生的反應,以及腦海中的想法。

在醫院,我是接受照護的。但由於我理解護理人員同時也面臨自己的生活選擇,也有自己的困境,我在心理上也能夠提供幫助。而這些幫助,最後也反哺到我身上,我也得到更多妥善的照護。

幫助別人,也樂於接受他人幫助。透過這樣的互動,能讓對方覺得和你在一起是安全的、愉快的,你是對方可以信賴的人,甚至是最了解他的人。

慈悲的對象,除了慈悲別人,也要慈悲自己。放過自己的執念,會讓自己的生活更愉悅。

而這些簡單的事,確實能大大改善我的病情。

這裡，我要跟你分享我的課題之一：

不論你是病人還是看護者，你可以滿懷怨氣去抱怨一切，把悲傷蒙在眼睛上，擋住希望。你也可以和我一樣，練習感恩、冥想、慈悲。而我也查閱了相關醫療期刊，意外發現確實有科學證明與效果。

透過「正念自我慈悲訓練」（MSC），患者對自身疾病的接納度提高，化療副作用（如噁心、疲勞）的主觀感受顯著減輕。醫學研究發現，自我慈悲可降低心理壓力標記物（如唾液 α-澱粉酶）。

除了對他人慈悲，自我慈悲心態與癌症患者的生活質量呈正相關，並能減輕治療過程中的心理壓力。

感恩對癌症患者心理健康的影響，發現感恩能顯著降低焦慮和抑鬱症狀，並提升生活質量。感恩心態還能增強癌症患者的社會支持網絡，從而改善其心理和生理健康。

冥想能顯著減輕癌症患者的心理困擾，並提升其情緒調節能力。其中一項研究以乳腺癌為調查對象，冥想能顯著提升乳腺癌康復者的免疫功能，並降低炎症標記物。

上述的方法，其實也有助於生命意識的思索，因為生命本身就是一個不斷尋找歸宿的過程。

呼吸練習

實踐方法與步驟

1. 腹式呼吸：

- **姿勢**：舒適地坐在椅子上或躺在地上，膝蓋微微彎曲，最好在頭下墊一個枕頭。
- **吸氣**：用鼻子深呼吸，確保腹部肌肉（而不是胸部）上提，使腹部膨脹。
- **呼氣**：抿緊嘴唇，慢慢呼氣，輕輕按壓腹部，幫助排出空氣。
- **重複**：每次呼吸都要慢慢來，注意力集中在腹部的起伏上。

2. 4-7-8 呼吸法：

- **吸氣**：用鼻子深呼吸 4 秒。
- **屏氣**：屏住呼吸 7 秒。
- **呼氣**：透過嘴巴緩慢呼出氣息 8 秒，呼氣時發出「嗖嗖」的聲音。
- **重複**：最初進行四次呼吸，經過練習可延長到每次八次呼吸。

3. 正念呼吸：

- **姿勢**：舒適地坐在椅子上或地板上，挺直背部，也可以躺著做。
- **集中注意力**：閉上眼睛，專注於呼吸，注意空氣進入鼻孔、充滿肺部，然後離開身體的感覺。

- **觀察**：注意每次呼吸時胸部和腹部的起伏，若思緒飄忽，輕輕地將其帶回呼吸中，不要做任何判斷。
- **持續時間**：從5分鐘開始，隨著習慣逐漸延長時間。

漸進性肌肉放鬆
實踐方法與步驟
1. **準備階段**：
   - **選擇環境**：找一個安靜且不會被打擾的地方，創造一個可以讓你專注於放鬆的環境。
   - **確保舒適**：穿著寬鬆的衣服，找到一個讓你感覺舒服的姿勢，坐著或躺著都可以。
   - **身體檢查**：如果有任何可能導致肌肉疼痛的外傷或病史，請務必在開始鍛鍊前諮詢醫生。
2. **肌肉放鬆的步驟**：
   - **深呼吸**：深吸一口氣，保持一會（停10秒），慢慢把氣呼出來（停5秒），重複2-3次。
   - **逐個部位放鬆**：
     - **前臂放鬆**：伸出前臂，握緊拳頭，用力握緊，保持10秒；然後放鬆，保持放鬆狀態15-20秒。
     - **雙臂放鬆**：彎曲雙臂，用力繃緊雙臂的肌肉，保持10秒；然後放鬆，保持放鬆狀態15-20秒。
     - **雙腳放鬆**：腳趾用力繃緊，保持10秒；然後放鬆，保持放鬆狀態15-20秒。
     - **小腿放鬆**：腳尖用勁向上翹，腳跟向下向後緊壓，繃

緊小腿部的肌肉，保持10秒；然後放鬆，保持放鬆狀態15-20秒。
- **大腿放鬆**：繃緊大腿肌肉，保持10秒；然後放鬆，保持放鬆狀態15-20秒。
- **頭部放鬆**：皺緊額部肌肉，保持10秒；然後放鬆。轉動眼球，從上到左到下到右，加快速度，再從相反方向轉動，然後放鬆。用舌頭使勁抵住上顎，保持10秒；然後放鬆。用力將頭向後壓，保持10秒；然後放鬆。收緊下巴，用勁向內收緊，保持10秒；然後放鬆。
- **全身放鬆**：繃緊全身的肌肉，保持10秒；然後放鬆，保持放鬆狀態15-20秒。

3. **保持長期練習：**
- 在練習結束前，花幾分鐘時間靜靜地躺在放鬆的狀態下，感受身體的放鬆。
- 每天練習一次，每次20-30分鐘，堅持練習可以獲得更好的效果。

行動策略：對抗虛無的實踐

一、微小行動的力量：從日常小事重建掌控感

》記錄心情與身體狀態

　　記錄，對我而言，是一種與自己對話的方式，是將內心的孤獨化作文字的療癒過程。這是台大醫生囑咐我的方法。

　　因此，我每天記錄了日期、起床時間、入睡時間、早餐、中餐、晚餐、症狀、重要事件、喝水量、體重、運動情況、體溫。

　　除此之外，我還記錄了應該反饋給醫生知曉的資訊，諸如：

3/2/2024

　　早上起來頭痛一到兩個小時（左上部），白天疲憊，晚上發生咳嗽、發燒、鼻塞、頭痛。未來是否一直持續下去？若還是不舒服，去哪裡治療看醫生？

3/5/2024

　　開始發燒。2/7見了感染科之後，高機率排除了肺結核，醫生建議類固醇增加到每天兩顆，還給醫生打了電話，但我後來跟感染科醫生商量維持一顆，都是早上吃。

3/6/2024

　　嚴重咳嗽，去看了中榮胸腔內科，拿了三天藥，吃了之後晚上變成輕咳。有一定效果，但沒有解決咳嗽的問題，有拍X光片，肺部沒有問題。沒找到原因，給了氣喘和過敏藥，初步判斷是氣喘。

3/8/2024

　　來抽血，大腿皮膚上有一顆類似毒瘡，看了台大皮膚科，醫生看了幾次覺得也許對淋巴這邊的分析有用，做了小手術，等化驗報告（兩週）。

3/10/2024

　　在家庭醫學科醫生建議下，打了三針疫苗：百日咳、MMR、皮蛇（帶狀疱疹）。
　　運動情況：嘗試堅持運動，但體能變得很差，容易在運動過程中覺得冷，目前運動以一小時無氧、一小時有氧為主。

這些記錄，或許微不足道，一方面記錄了我生命的每一寸波動，另一方面也方便醫生作為參考。有時候也記錄情緒。「今天很難受，但我沒有放棄。」文字如同在黑暗中點燃的蠟燭，可以照亮我前行的道路。

記錄的過程中，你會發現，那些看似微不足道的小事，其實蘊含著巨大力量。每一次堅持服藥，每一次努力進食，每一次在病痛中露出微笑，都在不知不覺中積累起對病情的記錄，有助於日後治療的參考。就像《生命中不能承受之輕》中所說：「每一個挑戰都是成長的契機，每一次突破都是生命的禮讚。」這些小記錄，讓我在病痛中找到了一種獨特的力量。

》用小行動積累希望

疾病讓病患失去了很多，容易產生倦怠與悲觀。但也讓我重新審視生活中的點滴小事。我開始意識到，微小的行動同樣可以帶來巨大的改變。

我開始嘗試一些簡單的小事：嘗試下床抬腿運動、練習呼氣鍛鍊肺部功能、給家人發一條問候的簡訊、讀幾頁書……這些看似平凡的舉動，讓我感受到了一種久違的成就感。

我開始用這些小行動為自己設立目標。每天，我都會給

自己設定一個小任務,比如「今天要讀完這篇文章」或「今天要和朋友聊聊天」。這些任務雖然簡單,但在病床上的我也不一定容易完成。

內人在我骨髓移植期間,特地製作了一張一百天挑戰的卡片,每過一天我們就撕去一個小圓圈,而卡片上共有一百個小圈,正好呼應醫生所囑咐的,骨髓移植完成需要一百天。看著一百天的日子逐漸倒數的卡片,瞬間感受到了一種難以言喻的滿足感。

》重建掌控感

剛剛闡述的「用小行動積累希望」,讓我逐漸重建了對生活的掌控感。我感覺自己不再是那個被動接受病痛折磨的患者,而是成為了自己的主人。我甚至開始主動規劃自己的每一天,從清晨的陽光到夜晚的星空,從簡單的飲食到短暫的下床踏步,每一件小事都成為了與病魔抗爭的武器。

很多癌症患者,經常為未來而焦慮,為逐漸消逝的生命而焦慮。我認為那是沒有必要的,反而會因為設立過高的期望,達不到時感到沮喪和痛苦。我更多的做法是設法度過每天治癒時的痛苦,活在當下。

而我使用的方法就是:

1. 記錄心情與身體狀態

2. 用小行動積累希望

3. 重建掌控感

這些方法有一定的順序，我採用一、二、三來逐步達成。

設法度過每天、每小時，甚至這一刻。這些目標更簡單，但微小的目標達成之後，如同夏日的微風，雖然微弱，卻能帶來清涼；如同江水中的漣漪，雖然渺小，卻能匯聚成河。在與病魔抗爭的日子裡，這些微小的目標讓我重新找回了對生活的掌控感。即使在命運的舞台上，我依然是自己的主角，也要將歌唱，而且還有那麼多親人朋友為我打氣喝采。

二、拒絕社會表演：保持真實與自我

》社會期望與真實自我的衝突

「每個人心中都藏著一個林黛玉，那是對美好而脆弱之物的無盡眷戀。」這句話，就像我抗癌路上的一絲慰藉，讓我在艱難時刻，心底能泛起些許溫柔。

我的妻子曾經跟我表達過一件事情，自從她加入癌友群

組之後，感慨頗多。她意外地發現，淋巴癌患者似乎都有一些共同的特質，諸如壓力、焦慮、抑鬱等。而且，因為對自己期許過高，久而久之，心理負擔重得壓垮了免疫系統，身體對癌細胞的監控力也變弱了。接著，她列舉了那些癌友群組內事業有成但患病的癌友情況，聽得我心情沉重。

我查了一些文獻，發現心理因素雖能間接影響淋巴癌，但目前沒有確鑿的證據表明心理因素（如患者期望過高等等）是淋巴癌的直接病因。

但患病之後，我真切感受到社會目光的「重量」，慢慢察覺到社會對我的期望，是盼著我堅強、樂觀，甚至完美。我發現自己無法達到這些期待。焦慮、脆弱，也有恐懼和不安，像受傷的孤雁在心底蔓延。這些真實的情感，卻被社會的期待所掩蓋。江水蒼蒼，歲月無聲。社會的期待如同一座無形的鉛字長城，讓我感到窒息。為了扮演好社會對我期望的角色，我必須藏著自己原本想表達的觀點。而由於過往事業的順遂，更多人期望你更成功，攀上事業巔峰。這些都莫名與真實的自我衝突，與病痛中的我衝突不斷。

當無法滿足社會期望時，無力感洶湧而來，可能會感到自己不夠好、不被接受，從而產生長期的心理壓力。這種壓力可能導致焦慮、緊張和不安，最終帶來了疲勞感、自我否定。

例如，社會對我的期望可能是一名企業家，一個世界五百強的企業高階主管，雖然這個社會角色我扮演得也頗為成功。但是我的妻子說，我本質上就是一個作家或畫家，而我已經很久沒有往這方向去追求了，許久未朝心之所向邁步。

你是否對自己的身分產生困惑？不知道自己究竟是誰，應該遵循哪種價值觀和行為模式。你想成為怎樣的自己？

》接受自己的不完美

在病床上，時間慢下來，有了更多的時間審視自己，像探尋寶藏一樣，借助自我反思，挖掘內心真實需求、價值觀與個性。重新衡量社會期望，分辨出合理與不合理的，再依據自身情況搭建目標。

其實這些道理都懂，但是年輕的時候奔忙於事業，根本無暇照顧自己內心的狀態，更別提實踐。現在我透過一些網上的指導，透過心理訓練和實踐，幫助自己提高應對壓力和衝突的能力，讓煩惱不纏身。

我接受自己的不完美，不再試圖去滿足社會的期待。在病痛中找到「避風港」，學會掌控節奏、傾聽內心。心理壓力很快就小多了，我減少對自身的過度批評和苛求。這種自我接納能夠緩解因追求完美而產生的持續壓力，也降低因擔心失敗或達不到期望而產生的焦慮。

接受自己的不完美能夠幫助個體更好地接納自己作為一個完整的人，包括優點和缺點。這種全面的接納有助於建立更穩定的自我認同。接受自己的不完美反而使我在面對挫折和失敗時更具韌性。不會全盤否定自己，而是能夠從中學習並繼續前進。不再過度關注他人的看法，從而能夠更自然地與他人交往。不再將精力過度消耗在追求完美上，而是能夠更多地關注生活中的積極方面。了解自己的優點和不足，優點如星辰，缺點如月影，構成獨特的我。這穩固了我的自我認同，往後遇挫折，我不再全盤否定，能汲取經驗前行。從而更好地發揮自己的潛力。我也能夠以更健康的心態追求個人目標，而不是被外在的完美標準所驅動。

　　有句話說得好：不結婚，晚年沒伴；結了婚，不一定活到晚年。不拚命工作，沒錢養老；太拚命工作有可能都用不著養老。有些路不走，不甘心；走了，卻一身傷。人生就是這樣，無論怎麼選，都有遺憾，無論你怎麼精心策劃，都抵不過命運的安排。

　　巷子裡的貓自由卻沒歸宿，圍牆裡的狗有安身之所卻難昂首。人生這道選擇題，怎麼選都有遺憾。但我釋懷了，深知謀愛先謀生，愛人先愛己，前提是接納自身不完美。每個選擇，都是彼時最優解。我不念過往遺憾，不憂未來迷茫，只想握緊當下，讓每天充實有意義。

人生漫漫，無論你多麼有計畫，多麼會策劃，多麼運籌帷幄，在命運面前卻渺小無力。唯有患病，才驚覺功名利祿在健康這座大山面前，不過滄海一粟。原來我們所追求的一切，都不抵身體健康最有價值。

彷若破繭，我放下執念，你會突然釋懷好多事情。工作不拚命，該休息就休息；美食當前，盡情享受；無論星辰大海，還是詩和遠方，只要你想，就去追尋。不要等，趁現在，此刻就出發。

一覺醒來，你會覺得即便自己躺在病床上什麼也做不了也很療癒，護理人員的聲音變得很悅耳，病房窗外的山景分外迷人，連醫院的空氣白噪音似乎都很順耳。突然感嘆這個世界好像有點美好。其實這個世界沒有變好，也沒有變壞，是你慢慢在變好，你的心態在慢慢變好。是你在與病魔、自我的和解中蛻變。

原來看待世事視角稍變，結論就不同。願我們都能在塵世覓得心靈淨土，以積極、熱情、善良之心待人處事。世界美好如初，人間煙火可親，願你我能在這塵世，盡興而歸。

》保持真實的我

每個人的人生只有一次，你需要做的就是活出無悔的人生，必須每時每刻的選擇、冒險，努力與人生的總體使命感

一致。

要像舵手掌控航向,活出自我,不模仿他人淪為「複製品」。

每日積累點滴收穫,化作習慣珍珠,終能串起成長項鍊。

勇於超越個人抱負,將奮進與崇高理想相連。

切忌盲目堆砌期望,不需要造高期望而徒增自己壓力,徒增重負。

保持真實會讓你找到內心的平靜,不再被外界的期待所束縛,而是可以專注於自己的感受。真實的力量是巨大的。它讓我在病痛中找到了一種獨特的安寧,讓我相信,真實的力量,像夜空中的北極星,在病痛黑暗裡為我指引方向,讓我堅信,絕境中也能綻放光芒。

每當我感到孤獨時,我就會想起這句話。我開始相信,即使我無法成為社會期待的英雄,我依然可以用自己的生命書寫屬於自己的傳奇。我開始相信,真實的自己才是最強大的。真實自我如深藏地底的寶藏,發掘後有無盡力量。

當你的行為和內心狀態保持一致時,內心的心理衝突會減少。個體不再因內心的矛盾而感到困惑或無助,從而能夠更從容地應對生活中的各種挑戰。

這種接納有助於建立更健康的自我形象,提升自尊和自

愛。這種增強的自我認同感能夠幫助個體在複雜的社會環境中保持獨立和自主。

保持真實能夠幫助個體在人際關係中展現真實的自己，從而建立更真誠、更深入的人際關係。這種真誠的人際關係能夠帶來更多的支持和理解，減少孤獨感。

減少社交焦慮：當個體不再擔心被他人評判或誤解時，社交焦慮會顯著減少。個體能夠更自然地與他人交往，享受社交活動帶來的樂趣。

黃仁勳有段人生名言：「不要害怕做你熱愛的事，因為熱愛會讓你變得無敵。」

黃仁勳曾在一次演講中說起人生最重要的三件事，其中一件就是「要熱愛」我們所選擇的那條路！他說：「你最好非常熱愛做那件事，如果不熱愛，那痛苦和折磨就太大了。」熱情是我們追求夢想與成就過程中的巨大力量，當我們真正熱愛自己所做的事情時，這份熱情會激發無窮的動力，使我們在面對困難時更加無所畏懼。

找到自己熱愛的那條路，需要深入了解自己的內心世界，包括自己的優點、缺點、需求和欲望。這種自我探索有助於自己建立更清晰的自我認知，從而更好地理解自己的行為和情緒。這種增強的自我意識，有助於自己在面對生活中的各種情境時做出更符合自己價值觀的決策。

這四個步驟是我推薦的,也會作為每年末我在復盤回顧時,一定會再重新拿出來複習與檢視的內容,分享給大家。

三、幽默作為生存武器:用荒誕消解恐懼

我在社交媒體Facebook上經常分享我的日記,日記一般不公開,而是僅限於Facebook的好友。在抗癌的日子裡,幽默成了我最重要的生存武器。

我擅長用幽默面對生活中的每一個小挫折。比如,當我因為化療而脫髮時,我並沒有感到沮喪,而是開玩笑說:「這下好了,變成法師了。」我的朋友們也常常被我的幽默感染,他們說:「Jawin,你真是個樂觀的人。」我回答說:「不是我樂觀,只是我學會了用幽默去面對生活。」

有時候,我們需要用一種更加輕鬆的態度去面對挫折與病情。這種態度不僅能幫助我們緩解壓力,還能讓我們在困境中找到新的希望。在抗癌的日子裡,我常常在日記中寫下那些讓我發笑的瞬間。這些瞬間,如同黑暗中的星星,照亮了我前行的道路。而且這些幽默的內容也容易激勵我身邊的人,他們見到我病情這麼辛苦的情況下,仍能用幽默去面對生活的荒誕,用樂觀去面對生命的無常。

生命本身就短暫,而患病的過程更是一場詭異、唏噓、

苦難。你在病床上會見到無數的人離開，也有無數的人又進來。生與死、苦難與慈悲的大河流進我們的心田。

其中一個頗為現實的問題，正是因為患病的過程過於痛苦，更需要幽默的調劑，藉此來忘卻痛苦。我有幾段經歷是分外痛苦的，自己忍受痛苦的能力已經到達極限，你可以屈服在痛苦之下，但我一般不選擇屈服，而是用幽默為武器來面對病情，並轉移我的痛楚。我在骨髓移植時，一度口腔潰爛，無法進食，只能勉強喝一些流質液體，除了體重嚴重下降之外，口腔的痛楚難耐，醫生開了嗎啡來減輕痛楚，我使用的劑量比一般人要少，而且很快就放棄了使用嗎啡，靠本身的意志力來克服。其中一個力量就是來自於幽默。

在第一次化療期間，除了頻繁的高燒之外，有次嚴重低溫失溫，護理人員送來暖風系統，幫助我儘快取暖。這是罕見的副作用。當時的我宛如在山丘上獨自面對寒冷，而那種寒冷是我前所未見，感覺整個身子漂浮起來。我擔心自己失去意志，回想一些過去開心的事情，很快能讓我專注到自己的身子上，在護理人員的努力之下，我也恢復了體溫。

幽默是一種神奇的東西，它可以幫助我們不要把痛苦、煩惱和仇恨記在心。痛楚都要面對，為何不用輕鬆愉快的方法面對呢？例如我經常使用想像的力量，想像自己在一堆白雲上頭，溫暖而平穩，很藍的天，很白的鴿子在天上飛翔。

第四部　人生倒數的二十堂課　｜　221

那兒有許多友人,我們一起平躺著,恣意而聊,多麼溫馨的時刻。即便在病床上的你正在經歷傷感與痛苦。

想像自己是一隻無憂無慮的秋田犬,一隻很快就要長大、有主人呵護的秋田犬。既然面對病情這麼辛苦,何不做一隻快樂的秋田犬度晨昏?與其做一個窩窩囊囊的人,何不做一隻人見人愛的秋田犬?秋田犬四蹄輕,一路奔跑快如風,開心時候昂起頭仰天叫,啊噢──啊噢──啊噢──

我的幽默也激勵著無數人。大多數人難以想像,一個癌末病人如何從痛楚中取得幽默。因為幽默是從夾縫裡挖出來的寶藏,讓身旁的人們看得歡喜不已,他們能從中看到力量,沒有一個人不為之動容。

世界本來就是一鍋糊塗粥,要想講得清清楚楚,比較困難。每個人生階段,每個年紀,認知和想法都不一樣,有人終其一生都在找人生的答案。凡是能夠保存下來的東西,都有幾分不尋常,人與生俱來的幽默感就是其中之一,它是歷代無數詩人慣用的伎倆之一。極度誇張的幽默能面對極度痛楚的治療。

當你善用幽默,蟄伏在你身上的力量也會蘇醒,陪你一起面對痛苦,會帶來大豐收。想像的力量也極為有用。我在病床上經常幻想,有股力量盡最大努力把我拔上來,載著我們升高。我彷彿可以見到病床上的自己,病床和自己逐漸縮

小,最後變得像螻蟻一樣,隱隱約約地能聽到下面護理人員對話的聲音,但我已經懸在澄澈無邊的空中,好不自在,痛楚也與我無關。

四、預設最壞,為最好努力:在不確定中尋覓希望

年輕服役的時候,當的是海軍。分外喜歡船靠港的日子,看到船下了錨,鐵鍊綁在岸上,發出一陣陣喧譁,我終於又回到了岸上。也有夥伴喜歡出港,他喜歡起錨時激起的那一片潔白的浪花,在海浪中航行時,甚至還有可能遇見海豚、飛魚等驚喜。大家各自在大海的不確定中尋覓著希望。

患病期間也是如此。傳統觀念中,癌症是生命的終點,但現代醫學的進展讓人們看到了新的希望,以及各種可能性。然而,對於癌症患者來說,治療過程會產生非常複雜的心理變化。有研究顯示,患者通常會經歷否認期、憤怒期、協商期、抑鬱期和接受期。

重點是,在生命的十字路口,資訊複雜,有人給你希望,有人判了你死刑,市面上真假科學混雜,病患很容易失去自己的判斷。

我所採用的方法是:「命運無法選擇,但我們可以選擇面對命運的態度。」聽起來有些拗口,頗像心靈上的修行。

簡單來說，就是預設最壞，為最好努力：在不確定中尋覓希望。

》如何尋覓希望

有一次，醫院的心理治療師過來見我，他本身在臨床心理學領域有多年的經驗。他指導我透過冥想、呼吸練習和漸進性肌肉放鬆的方式，來放鬆自己。我通常在做完這些實踐方法與步驟之後，會想像自己病癒之後的模樣，也會預設病癒之後我計畫要去實現的事情。每次想像這些美好，我彷彿置身於一個浮雲上的愜意環境中，耳邊響起我喜歡的音樂，空氣中瀰漫著我喜歡的味道。

簡單來說，這是一個自我祈願的過程，但運用了自己的想像力。而且我會反覆告訴自己：你所等待的希望已經到來，踏著你的祈願而來，不顧病情險惡而來，它會把光明帶給你，也會將溫暖帶給你。你只需張開雙手去迎接，鳴響汽笛來歡迎，吹起號角來歡迎。

想像醫生對你的治療就如同在你的血液裡豢養英勇戰士，他們正在消滅邪惡的癌細胞，而正義終將勝利，光輝將灑下。由於看過很多戰爭與武俠影片，我也會想像戰士們在我的血液裡戰勝癌細胞的場景，這讓我感到無比榮耀。

文末我還會教導你簡單的冥想、呼吸練習和漸進性肌肉

放鬆的方式。如果需要更進階的方法，可以諮詢心理治療師或相關領域的專家。

》如何預設最壞？

罹病期間，除了原有的主治醫生之外，我們也在主治醫生的同意之下，尋求其他私人醫院醫生的第二意見，並把第二意見回饋給主治醫生作為參考。

其中有兩次特別悲觀的經歷。

其中一位香港私家醫生曾是大醫院的權威醫生，在血液腫瘤領域享有盛名。我們排了很長時間才見到他，醫生也相當負責任地研讀了我們從台北帶過來的厚重病歷，那些病例幾乎有兩三本書那麼厚。醫生當時基於我的病例，判斷是CLONAL和POLYCLONAL中間的其中一種，但不論哪一種，都不樂觀。當時我們已經做好了很悲觀的準備。

後來，確診為淋巴癌末期，一種叫Extranodal NK/T cell lymphoma的病。我們又去見了那位私家醫生，尋求第二意見。醫生得知後就非常悲觀了，不如第一次的細心講解。他說，在他執業的經驗裡，要儘快進行骨髓移植，這幾乎是唯一的途徑，但他也坦承，自己未曾見過Extranodal NK/T細胞淋巴瘤患者成功走完骨髓移植過程。這番言論幾乎把我們打入絕望的海底，我們在萬頃波濤中掙扎，滿身傷痕。

還有一次，我的化療治療方案失敗了，需要修正方案，且安排在明天進行。在癌友推薦之下，我們去了另外一家非常權威且昂貴的私人醫院，見了一位在血液腫瘤領域非常知名的教授。同樣排了很長時間，教授得知我患了 Extranodal NK/T 細胞淋巴瘤末期，表現出的態度同樣悲觀。他不反對醫院換新的化療方案，但也囑咐需要儘快進行異體骨髓移植，但異體骨髓移植的前提是仍需要透過化療來消滅大部分的癌細胞。當我們詢問是否有可能到他的醫院進行異體骨髓移植時，他婉拒了我們。他說，他那裡不進行異體骨髓移植。

這幾乎是最壞的狀況了，不是嗎？我從來沒有聽到過這麼壞的消息。至此之後，我做了一些準備。如果最壞的情況發生，如何給留下的家人安排保障，還有什麼事情未盡，我逐一列了下來。沒有悲傷，只是事務性地列出來。

》**為最好努力！**

一般人聽到這些壞消息可能都會崩潰，以為世界都要毀滅了。

當時我的病床窗外，有一片山巒。我看著山巒在清晨的陽光中醒來，夕陽餘暉也如期而至，它們並沒有因為悲觀而有所改變，日復一日。

醫生對我的治療也是日復一日。我們同時為最好進行努力。

　　我們蒐集了許多資訊，這些都浸透了我們的付出，增長了我對病情的理解。

　　我們加入了癌友群組，發現群組當中也有不少被醫院判為絕症、沒有幾天可活的患者至今仍活躍著，這讓我感受到自己的生命似乎也沒有那麼絕望。

　　我們為了病情康復，盡可能做一切努力，在治療上、在飲食上、在副作用上。除了醫院的努力之外，我們也透過各方資訊來增加自己痊癒的可能。當醫院工作人員見到你如此正向，他們也會回饋給你正面的力量。

　　因此，我的實踐便是在最壞的情況下，為最好做著努力，以此滋養著希望。就宛如我身處被暴風雨打擊的土地，那裡洶湧著兇惡的滾滾河流，甚至刮著激怒的風。我在惡劣的環境中存活著，搭建著，為生存做一切可能的努力，然後等待著無比溫柔的黎明到來。

哲學追問：存在與死亡的終極思考

一、在有限的生命中賦予生命價值

在宇宙的浩瀚與時間的無垠面前，人類的生命如同蜉蝣般短暫而渺小。然而，是否有一種可能？在有限的生命裡，我們能否用自己能接受的自己，在有限的能力面前，去賦予生命更深遠的意義？

這或許是一個讓自己與浩瀚世界相遇的過程。我們深知生命的重量在宇宙中的渺小，但更明白生命獨特的重量是我們的全部。既然生命有限，那麼意義不在於其長度，而在於其品質。這種有限性反而賦予了生命更深遠的意義。

「人是能思想的蘆葦。」巴斯卡的這句名言深刻地揭示了人類的雙重屬性。在廣袤的宇宙中，人類如同一株脆弱的蘆葦，渺小而有限；人類擁有思想，能夠超越自身渺小，去思考生命的意義與價值。這種有限性是人類存在的本質特

徵。

　　人的有限性體現在多個方面，人類生命在時間和空間上都是有限的。生命長度是有限的，人類無法擺脫生老病死的自然規律。人類的認知能力也是有限的。儘管人類透過科學和哲學不斷探索世界的奧秘，但仍然無法窮盡宇宙的真理。這種有限性使得人類在面對生命的終極問題時，常常感到困惑與無力。

　　我們每個人都只是「一根」蘆葦，而不是「一簇」蘆葦，甚至「一片」蘆葦叢。在這個星球上的 70 多億根蘆葦中，我這一根都是渺小的存在。能拓廣人類思想邊界的只是少數人，大多數人只能在已知的疆域中遊走。人因思想而高貴，但即便你的思想永遠無法超越別人，也並不意味著你「低人一等」。思想當然有淺薄和深刻之分，但在自我和社會的價值評價中，你應該有自己思想的價值。你只需要做一個能思想的蘆葦即可。

　　人一輩子哪怕只要對自己負責，都是一件很不容易的事情。

　　不需要在意別人對自己的評價！你可能擔心他人對自己感到失望，怕接受不了，而過度在意別人對自己的評價，進而對自己感到失望。但事實上，一個人無論如何努力，都無法讓所有人滿意。

人的生命極其有限,不是別人隨便扔了什麼給我們,我們就得照單全收。不回應並不是一種原諒,而是選擇不跟那些討厭的人浪費時間。有些人輕易地放棄了自己的人生價值。我建議你去看一看山川大海。

年輕的時候,我在武漢有一個研發團隊,我經常去看長江。萬里長江,落差99%都在上游河段,長江的咆哮奔騰,所有奇絕的風景,都發生在它的上游,好不容易流到三峽,又在深山峽谷中迂迴轉折。

我在上海也有一個團隊,那裡是長江的入海口。在上海的吳淞口、崇明島、南匯嘴,你站在那裡,就能看到這一道景觀:萬里長江,至此終於奔流到海,功德圓滿,百川歸海。

總之,我勸你去看一看山嶽大川——有機會一定要多出去看一看。你的心胸變寬了,思想開闊了,就能盛得下糟心的父母,也能受得了感情上的顛簸,也容得下自己。人生的各種不如意,也不過是旅途中的那些勞累和意外罷了。

先去長江的源頭看一看,青藏高原的遼闊高遠,崑崙山的雪水匯成涓涓細流,才有了這大江大河的源頭。它們匯聚到一起,才有了一個你,機緣巧合,來之不易。

人生就像這一道大江,從頭到尾都要看一看,遼闊和從容自然了然於心。

蘇東坡曾喟嘆：「哀吾生之須臾，羨長江之無窮。挾飛仙以遨遊，抱明月而長終。知不可乎驟得，托遺響於悲風。」

完整的原意大概是這樣的：

蘇東坡神色黯淡下來，坐得筆直，問客人：「這簫聲為什麼這麼淒涼呢？」客人說：「『月明星稀，烏鵲南飛』，這不就是曹操的詩嗎？往西能看到夏口，往東能看到武昌，山川連綿不斷，一眼望去全是鬱鬱蔥蔥的。這裡不就是曹操被周瑜圍困的地方嗎？當年他攻下荊州，拿下江陵，沿著長江順流而下，戰船連成一片，遮天蔽日。他對著長江喝酒，拿著長矛吟詩，多威風啊！可現在他在哪兒呢？我們在這江邊打漁砍柴，和魚蝦作伴，跟麋鹿交友，划著小船，舉著酒杯互相敬酒。我們就像蜉蝣一樣渺小，就像滄海一粟。我們這一生這麼短，長江卻永遠流淌。我們想和仙人一起遨遊，和明月永遠相伴，可這根本不可能。只能把這遺憾化作簫聲，在這秋風裡飄蕩。」

生命是有限的，但我們仍需尋求對生命有限性的超越。就像康德所說，人類在有限的認知能力下，仍可以透過道德律來實現自我超越。

只有在意識到生命的有限性之後，個體才能真正地「存在」，才能在有限的生命中追求意義與價值。接受生命的有

限性,並不意味著放棄對生命的追求,而是以一種更加從容和坦然的態度,去面對生命的每一個瞬間。

在有限的生命中賦予生命價值。這是我患病的哲學思考議題之一,而我建議你也可以思考。

二、死亡也是生命的一部分

想和你分享幾個數字:2023年,約有7.33億人面臨飢餓,7.13億至7.57億人食物不足,59個國家和地區的近2.82億人處於嚴重飢餓狀態,每年約有1,100萬人因膳食不健康而死亡。2023年底,全球共有1.173億人因戰亂、衝突等原因被迫流離失所。非傳染性疾病(如心臟病、中風、慢性阻塞性肺病等)是全球主要的死亡原因,佔全球死亡人數的74%。

在這些龐大的數字面前,我們的存在只是那個「1」。每一個生命都是獨一無二的「1」,正如你永遠無法找到兩朵一模一樣的雲。存在本身或許並不神聖,但對存在的命名,卻讓存在對人而言成為神聖。所以,能夠清楚明晰地正視死亡,正如你堅強地活著。

於是,每朝我都對自己說:「今天是我在病床度過的又一個燦爛日子。」如此,我彷彿被融化、吸收,生命的脈

搏跳動著，奔向那同樣燦爛的地方──當下。生命似乎已無所謂長短，我們彷彿和樹木、星辰一樣，不著急趕時間。這才是真正的自由，一種實質上的永生。

你有沒有嘗試過，把自己遺憾的事情清晰地勾勒出來？假設你即將面臨死亡，有哪些事情是你後悔，但遺憾未能實現的？逐一列下來，在餘生中去逐一實現它們。

這時，你會發現年輕時過得並不從容：沒有勇氣過自己真正想要的生活；以前拚命工作，似乎虛度了光陰與力氣；對家人與愛的人沒有及時表達自己的感受；為何那些久違的朋友會疏於聯繫呢？

這些思考如同轟隆隆的驚雷，從一個山脊翻滾到另一個山脊，接著遺憾如期而至。你會憶起那些曾經許下的夢想，但礙於現實總是拖延著。年輕時，我曾看過一則廣告，大眾銀行拍攝的宣傳片──「不老騎士」。平均81歲的長者，17個老人中，2位曾患癌症，4位需要戴助聽器，5位有高血壓，8位有心臟疾病，每一位都有關節退化的毛病。然而，他們卻夢想征服福爾摩沙，在八十多歲的秋天，再次感受這片共生了一輩子的土地。他們都是重機愛好者，心懷18歲的騎士夢，於2007年11月13日成行，隊伍花費13天時間，終於完成了這個在眾人眼中「不可能完成的夢想」。

當自己正視死亡將近時，就如同那些平均81歲的長者

一樣,你會不顧一切去完成自己未盡的夢想。可能是擁抱一位誤會多年的老友,可能和不老騎士一樣去騎車兜風,可能和心愛的孩子告解道歉,可能的事情還有許多。但很少有人會後悔:「我居然沒買到那個香奈兒包包」「我居然沒買到那雙聯名款球鞋」「我居然沒買到那款名錶」。原來你會發現,過往的生活並非被自己的熱情和想做的事情所驅動,反而來自對金錢、名聲、權力或物質的成癮,以及社會對你的評價。結果,外在的事物總是來來去去,慢慢地讓人變得不快樂,直到某天快死了,不快樂就變成了不甘心。

我有位朋友,他曾經這麼看待生命的終結:「我希望生與死是一樣的,如同一顆塵埃,我離開時沒有遺憾,沒有人記得我,彷彿我未曾來過這世間。」年輕時無法體會這句話的意味,但隨著患病的經歷,我確實感受到其中頗含哲理。

天主教認為善終是一種恩典,能讓人的靈性達到更高階段的體認。曾有記者問單國璽樞機主教:「您認為這輩子奉獻最多是在什麼階段?」他說:「就是在我得了癌症以後。」他在罹癌後決定發揮自己最後的「剩餘價值」,馬不停蹄地穿梭在各地的監獄、學校、機關,做「生命告別演講」。醫生擔心,好意提醒他:「拚命到處這樣跑不好,命已經不多了,應該多休息保持體力。」單樞機開玩笑地說:「我已經比你們預估的時間多活了這麼久,這些時間都是我

賺來的,要連本帶利撈回來。」

　　我的家鄉是一片名為高美濕地的地方,夕陽餘暉特別美,常吸引許多遊客佇留。而濕地真正著名之處,是候鳥的存在。由於長有一大片全台面積最大的雲林莞草,密密的高草叢每到秋冬缺水乾枯後,便成了候鳥覓食與躲藏的好地方。我曾經思索,候鳥為何要歷經如此辛勞而南飛?那些南飛路線如此險惡,路線如此長與辛勞,對牠們的意義是什麼?但候鳥是誠實的,牠們為了演化和生存,避開地面的捕食者,南飛尋求自身生存的意義。候鳥尚且如此單純地對生存尋求意義,更何況是人類呢?

　　每個人的存在都是那個「1」,而且是獨一無二的「1」。既然明白總有一天會消逝,那倒像一支除草的耙子,正在緩慢地除動著一片社會價值墮落的草地。這草地上滿是社會對你的價值觀,你似乎擺脫不了意義的拘禁,導致時間四處亂滾。等到你發現生命的流逝,才明白時間是最公平的,不論你是貧窮或富貴,你所擁有的時間都不會增加,只會消逝。正視死亡與時間的消逝,沒有哀傷,沒有痛切,唯有冷靜和睿智的力量。

　　然而,一般人卻很少意識到這點,大部分人生都在奔波中度過。說它是欲望也好,幻想也好,妄想也好,總之它不可能停下來。生命需要一種形式,突然告訴你時間不夠了,

死亡近在眼前,你棄絕奔勞,突然覺醒。

三、社會對「成功」的定義、放棄討好每個人、個人價值重塑

》社會對「成功」的定義

癌症讓我重新審視社會對「成功」的定義。在確診之前,我幾乎沒有太思考這方面的問題,總是按照社會的期望去生活。我們瘋狂做一大堆事,眼睛望著未來,那我們真的活過嗎?「永遠欲求不滿,自覺生產力永遠不足、學習永遠不達標、成果永遠不豐碩的高效人士」,宛如上緊了發條的機器,拚命追逐著超速人生,卻在失速失控的懸崖邊緣。

》放棄討好每個人

現在的體悟,沒有所謂的全世界,只有一個又一個對你而言重要或不重要的人。作家蔡康永說,如果我們有機會聽聽人在死前的心聲,他們所掛念的,都是人。愛的人,鬧翻了的人,不那麼愛卻相處了一輩子的人,很想念卻對不起的人。

既然一生都在和人打交道,當然要嚴格篩選值得在意的

人。蔡康永提醒我,向這些真心在意的人證明自己就好。但請記住「一念之間」的原則:如果你在意的人無論如何都不會認可你,那麼,或許你應該轉移你在意的對象。依賴外在的成功標誌來證明自己,可能會讓任何有抱負的專業人士永遠感到不滿足。

摯愛之人、反目之人、相伴一生卻情感淡薄之人、滿心愧疚思念之人。既然你耗費一生精力與人周旋,應該審慎甄別值得珍視之人。

「一念之間」的準則,若在意之人無論如何都不肯給予認可,就不要執拗地苦等,適時轉移在意的對象,才是明智之舉。依賴外在的功成名就來證明自身價值,只會讓心懷壯志的你陷入無盡的欲壑,永難填滿。

2025年的新年,我給每個我在乎的人打了視訊電話,即便我在病房裡形象難看,真心在意你的人不在乎這些,他們雀躍地和你拜年,囑咐你照顧好自己的身體,而你也關懷他們。即便不在身邊,心卻在一起。

》個人價值重塑

在抗癌的日子裡,我開始重新定義個人價值。我不再將自己定義為「成功者」或「失敗者」,而是將自己視為一個「生命體驗者」。我開始用一種更加真實的方式去生活,不

再被社會的期望所束縛。疾病解構了社會的規訓，讓我們重新定義個人價值。我開始學會接受自己的不完美，接受自己的脆弱，不再貪戀社會上虛幻的榮耀與認可，而是專注於內心的真實感受。

直面短促如白駒過隙的生命，拋開「做完每一件事」的執念，全身心沉浸於生命的節奏之中。學會如何接受人類的有限性，建立有意義的人生。以前我以為，若想邁向成功和幸福，每件事都要傾盡自己百分百心力，披荊斬棘全力以赴地面對生活。按照現實世界的運轉，努力與回報可能永遠無法畫上等號。有時，付出區區十分之一的努力，卻能收穫雙倍驚喜；有時，即便嘔心瀝血付出三倍辛勞，最終卻可能兩手空空。人生的結局恰似賭局中的勝率，縹緲難測。我懼怕有一日，傾盡所有的努力會將靈魂抽乾，徒留一具形銷骨立的軀殼。韓國精神科醫師鄭宇烈在其 YouTube 頻道分享的座右銘——「我的人生座右銘是，凡事做到 80 分就好。」

每逢新年，我們總是豪情萬丈地立下壯志，可一年 365 天，日日維持元旦當日的堅毅，談何容易？或許，懂得在忙碌中覓一方喘息之地，為不期而至的幸運歡呼雀躍，才是在這百歲時代暢享幸福、永不倦怠的秘訣。若想驅散工作中的倦怠陰霾，首要之務便是叩問內心：「哪些事，於我而言，不做也罷？」

只要能學會接受自己原本的樣子，並對自己多一分愛與包容，即使面對再多的挑戰，所有問題都能迎刃而解。強大的人並不是最受歡迎的人，重點是強大的人也不會去爭奪他人的認同。想要成為一個真正強大的人，就必須甘願被人討厭。這並不是說你的行為帶有惡意，而是無論你做什麼，別人都會批評你。

　　強大的人都知道這件事。人生中沒有哪一條道路是可以完全躲過他人反對的，因此重要的是，你不僅要接受不受歡迎這件事，還必須明白這件事一定會發生，但你依然去做你想做的事。

　　要留點精力去讀書、去運動、去愛人，去奔赴你想要的生活，而不應該把時間浪費在無意義的事情和討厭的人那裡。那些看起來可以挽回的事情，仔細想想一點都不值得。

　　貪戀過去的快樂註定走不遠，過去的就讓它過去。在熱愛生活的同時，擁抱每一顆快樂的小星星。別人是會離開的，但你自己一直都在。所以每天好好吃早餐，房間裡常備鮮花，偶爾給自己買禮物，增加些生活的儀式感。

　　生活的秘密不過如此。有些事，乍看有望挽回，細究卻一文不值，貪戀往昔歡愉註定步履維艱，不如灑脫放手，讓過去塵封。那些平靜之中留在你生命裡的，就是你想要的，

也是真正屬於你的。不必多，但要好。不要將自己獻祭給過去的人事物，請務必把精力傾注在當下和未來的你自己。

疾病雖然給我帶來了痛苦，但也可能成為個體重新審視自我、實現自我價值的契機。

四、不被情緒左右：我們一起解鎖情緒敏捷的力量

在生活的荒漠中，我們常常獨自探索，無人能真正理解我們所經歷的深度。

有一種心理素養能夠指引我們穿越情緒的迷霧，它被稱為情緒敏捷（Emotional Agility）。這一概念的核心在於，我們不應被情緒困住，而是學會靈活應對，從而做出更理智的決策。這是我在病房學習到的功課。

情緒總是時時刻刻影響著我們的行為與選擇。在職場上面對批評、在人際關係中遭遇傷害，或是在追求目標的道路上遇到挫折時，我們對這些情緒的回應，決定了我們能否以更靈活的方式適應挑戰，在變化中成長。

哈佛大學心理學家蘇珊・大衛（Susan David）寫過一本著作《Emotional Agility》。情緒敏捷並非壓抑情緒或刻意保持正向思考，而是學會與所有情緒共存，從中學習並做出更符合自身價值觀的選擇。

與之相對的是情緒僵化（Emotional Rigidity），這種心理狀態使我們陷入固定的情緒模式，無法靈活應變。

情緒僵化源於自動化的情緒反應和根深蒂固的信念。例如，焦慮的人會習慣性地逃避挑戰，因為害怕失敗帶來的挫敗感；容易憤怒的人將批評視為攻擊，從而無法從回饋中學習；而過度完美主義者則會在面對錯誤時苛責自己，導致壓力倍增。這些情緒反應會讓我們「卡住」，進而影響我們的行動模式。例如，當一個人總是害怕表達自己的意見，擔心遭到批評時，他可能會越來越沉默，對自己失去信心。這種負向循環正是情緒僵化的典型特徵。

真正的核心在於不被情緒自動化地驅動行為，而是學會觀察、理解，並運用這些情緒來做出更符合自身價值觀的選擇。簡單來說，就是不被情緒左右，這也是我病床上痛楚時紮紮實實學習到的功課。

情緒敏捷有以下幾個關鍵特徵：

1. **接受所有情緒**：無論是焦慮、憤怒還是失落等負面情緒，其實都有其存在的價值。接受它們，它們是一種信號，告訴我們內心真正的需求。
2. **跳脫自動化的情緒反應**：當情緒浮現時，不要立刻讓它決定行為，而是停下來思考：「這個情緒對我有什麼啟示？」

3. **以自身核心價值為指引**：當我們清楚自己真正重視的是什麼，就不會輕易被情緒左右，而是能夠根據長遠目標做出選擇。
4. **透過行動建立新的行為模式**：學習在面對挑戰時做出不同於以往的反應，逐步改變習慣。

例如，在職場上遭遇批評時，擁有情緒敏捷的人不會立刻陷入防衛或自責，而是會這樣思考：「我現在感到不安，是因為我很在意自己的表現。」「這個回饋是否有建設性？我可以從中學到什麼？我真正想要的是提升自己，而不是讓情緒主導我的行為。」透過這種方式，我們不僅能有效處理負面情緒，還能從經驗中成長。

我母親本身是一個善於處理情緒的人，不易發怒，不要被情緒引導，我在她身上學習到很多。當遇到情緒困擾時，我不會讓情緒替我做決定。

》如何培養情緒敏捷？

四個步驟可以做出更理智的選擇：

1. **接受你的情緒**：許多人認為「正向思考」是解決負面情緒的最佳方法，其實不然，刻意忽視或壓抑負面情緒，反而會讓它們變得更強烈。與其試圖擺脫焦慮或害怕，不如先允許自己感受它，並承認它的

存在。當你感到壓力時，可以對自己說：「我現在感受到壓力，是因為我在意這件事。」這種做法能幫助你更快接受現狀，而不是陷入自我對抗之中。

2. **給情緒命名**：當我們能夠準確描述自己的情緒時，大腦會更容易管理這些感受。例如，比起「我感覺很糟」，說出「我現在感到失望，因為我的努力沒有得到預期的結果」會有助於我們理解並處理自己的情緒。這不僅能減少情緒的影響，還能讓我們更清楚自己的需求與下一步行動。

3. **跳脫情緒的框架，轉換視角**：當我們被情緒困住時，容易誤以為「情緒就是事實」。然而這只是情緒驅動的主觀認知，而非客觀事實。這時，你可以試著用「第三人稱角度」來看待自己的情緒，比如：「如果是我的朋友遇到這個情境，我會怎麼安慰他？」這能幫助你跳脫負面情緒的影響，進而做出更理性的決策。

4. **以核心價值為指引，採取行動**：當我們陷入情緒困境時，最好的方式不是逃避，而是思考：「我的核心價值是什麼？我希望自己成為怎樣的人？」例如，當你因為害怕失敗而猶豫時，問問自己：「我更在意的是不犯錯，還是成長？」當我們以價值為導向，

行動就不再受到情緒的限制,而是變得更有意義與方向感。

》情緒敏捷與哲學智慧的共鳴

情緒敏捷不僅是一種心理技能,更是一種對人性、自由和存在本質的深刻理解。當我研究它時,我發現它與許多哲學思想高度契合。

斯多葛主義(Stoicism)強調內心的平靜和對命運的接受。哲學家塞涅卡(Seneca)和馬可‧奧勒留(Marcus Aurelius)都主張,真正的智慧在於學會控制自己的內心,而不是被外在環境所左右。情緒敏捷與斯多葛主義的核心理念高度一致:透過覺察和接納情緒,我們能夠更好地控制自己的內心反應,而不是被情緒所左右;透過反思和行動,我們能夠保持冷靜和理性,實現內心的平靜;透過價值觀的引導,我們能夠根據自己的價值觀做出選擇,從而實現有意義的生活。

德國哲學家尼采提出的「超人哲學」雖常被誤解,但其內核中對個體超越自我、主宰命運的強調,與情緒敏捷亦有相通之處。具有情緒敏捷素養的個體,在面對重大生活變故時,宛如尼采筆下勇於挑戰苦難的「超人」。他們不會陷入長期消極情緒的泥沼,而是承認痛苦的存在,憑藉頑強的意

志，在廢墟之上重建情緒家園。他們借助過往的生命體驗和內心的信念力量，迅速轉換視角，從創傷中尋找成長的縫隙，讓情緒成為砥礪前行的助力，而非阻礙前進的巨石。

情緒敏捷要求我們在接納情緒的同時，也要對自己的情緒反應負責。當我們意識到情緒背後的價值觀和信念時，能夠更加有意識地做出選擇，從而更好地實現自我價值。

哲學家胡塞爾（Edmund Husserl）和海德格（Martin Heidegger）說，對經驗的直接體驗是理解人類存在的重要途徑。情緒敏捷與現象學的核心理念高度契合：透過覺察，我們能夠直接體驗到自己的情緒狀態；透過反思，我們能夠深入理解情緒的本質；通過接納和行動，我們能夠以一種更加真實和自由的方式存在，從而實現自我成長。

所以這個方法是古今中外哲人共同的體悟，對我自身來說，我受益許多。

》實踐情緒敏捷

從哲學的角度來看，情緒敏捷是一種對人性、自由和存在本質的深刻理解。它幫助我們在面對情緒時，能夠以一種更加自由和靈活的方式應對，從而實現心靈自由和自我成長。具體來說，情緒敏捷的實踐意義體現在以下幾個方面：

1. 提升心理健康：情緒敏捷能夠幫助我們更好地應對

負面情緒，減少焦慮、抑鬱等心理問題的發生。
2. **增強人際關係**：透過情緒敏捷，我們能夠更好地理解他人的情緒，從而建立更加健康和和諧的人際關係。
3. **實現自我價值**：情緒敏捷幫助我們更好地理解自己的價值觀和生活目標，從而實現有意義的生活。
4. **提升生活品質**：透過情緒敏捷，我們能夠更好地享受生活中的每一刻，從而提升生活品質。

》讓情緒成為你的夥伴，而非敵人

情緒敏捷不是讓我們消除負面情緒，而是學會與它們共存，並利用這些情緒來幫助我們成長。當我們能夠接受自己的情緒，並且能夠與之對話，根據內心真正的價值做出選擇時，我們就能在生活與工作中展現更強的適應力與智慧，活出自己想要的生活。

試想：當你感到焦慮時，你會如何運用情緒敏捷，使自己專注於長遠目標，而不是被當下的情緒困住？

》專注於可控之事，接納不可控之事。

說說交通堵塞，這是日常中常見的情境。對於缺乏情緒敏捷性的人，可能會在車水馬龍中被煩躁情緒徹底淹沒，抱怨路況、遷怒他人。然而，秉持斯多葛學派思想的人，會迅

速區分其中可控與不可控因素。知道交通狀況無法即刻改變,於是將注意力轉移到內心可控之處,如調整呼吸、放鬆緊繃的肌肉,在內心構築平靜的港灣,不讓外界無端的紛擾過度攪動情緒,展現出高超的情緒駕馭力,契合情緒敏捷所要求的靈活應變特質。

情緒敏捷作為一種新興的心理學概念,從哲學的角度來看,也是重要的理論和實踐意義。它不僅是一種心理技能,更是一種對人性、自由和存在本質的深刻理解。

透過情緒敏捷,我們能夠在面對情緒時,以一種更加自由和靈活的方式應對,從而實現心靈自由和自我成長。正如哲學家們所強調的,情緒敏捷幫助我們更好地理解自己的內心需求,從而實現有意義的生活。

許多人讀我的病房日誌,覺得我心態特別好,擅長控制情緒,而我正是實踐情緒敏捷的方法論而已。

用愛和勇氣書寫生命篇章

一、夜空中最亮的星

我今年四十九歲,站在人生的半百之年,一場大病卻成了我人生覺醒的契機。

為何身患重病,我卻比年輕時更加快樂?曾經,我們為了「他人實現」而活,在職場上,工作只有成功與失敗、賺錢與賠錢、被重用與被忽視,活在社會的期待之中。如今,我開始「自我實現」,為自己而活,不再在意他人的眼光,不再活在別人的期望裡,那實在太過疲憊。人生之路已走過大半,沒有太多餘裕,我開始尋找自己的衡量標準,享受繞路的樂趣。畢竟,自踏入社會的那一刻起,我就一直走在主流道路上,如今,該花些時間去探尋那些小路,哪怕繞點路也無妨,更重要的是,慢慢尋找新的目的地。

年輕時,實現目標會閃耀著耀眼的光芒;五十歲之後,

我選擇追尋那幽暗的微光，規律作息，照顧身體，更誠實地面對自己，專注於眼前的生活。不看遠方，只看近處，問自己做什麼會感到開心，想像做那件事時，身上會散發出光芒，每天專注於要做的事和想做的事。不求被人看見，只求自得其樂。或許，我們都會擔心，傾向於延遲當下的滿足感，為未來儲蓄。這固然有必要，因為這些準備能讓生活更安全、平穩，但延遲滿足只在一定程度上有幫助，若過度，反而可能失去人生。

如果人生有百年，那麼五十歲已過中線。雖未到終點，但已能望見。所以，現在該開始提前規劃了。

此外，我學會了控制自己的脾氣。年紀越大，脾氣越差，因為需要他人幫忙的事越來越多，結果不如預期就會生氣。例如患病的我，先注意身體是否處於很累的狀態，一旦過勞，情緒就會受影響，此時可以先適度休息。先聆聽對方的想法，接著說「很好」，再提到還有另一種做法。顧及他人的心情，若只是單純發洩情緒，說的人不高興，聽的人也不高興，事情還是沒做好，最終落得個三輸的局面。「情緒控制」是一種修行，患病之後的我在這方面頗有長進。

「說話時想著對對方的愛，就是最棒的說話方式。」這個世界上，有一種眼睛看不見的價值，叫感恩與慈悲。「一個人獲得的才能和勳章，並不是用來讓他虛張聲勢，而是要

利用那份力量讓其他人感到開心。」

所謂慈悲，是要待人親切，但在那之前，要站在較弱之人的立場，了解他們的痛苦。

伴侶之間，雙方都要成為情緒穩定的愛人，談情緒穩定的愛情。真正的伴侶，是那種看似平淡，但卻讓人百嘗不厭的感覺。和他在一起時，出現問題，他不會計較誰對誰錯，而是先安撫你的情緒，然後再帶你共同去解決問題。你會很有底氣，因為你知道身後有一個堅強的後盾給你依靠，他會給你兜著底。這會讓你更加自信，更加愛笑，更有好奇心去探索這個世界。這是我從內人身上學到的智慧。

朋友之間，要收集一些值得珍視的回憶。2024年年末，我給每個珍視的朋友打了視頻電話，雖然彼此不在身邊，我在病房的模樣又頗為狼狽，但每次回想起那次視頻通話，所有的美好又會再度湧上心頭。回憶不只是回憶，甚至會產生複利。在腦海中重溫那些美好的日子，感覺幾乎和真正在那個時間一樣美好。

四十六歲時，我去讀了博士，若順利，能在五十歲時拿到博士學位。那時尚未患癌，但那時我已明白人生所追求的目標是什麼。年齡，不會是追求人生的藉口。後來患癌症之後，反而更堅定了當初讀博士的決定。即便在這個年齡、這個健康狀態下，我仍想著去完成一個學位。張忠謀五十六歲

創立台積電，我還比他年輕七歲呢！盡了世間的責任之後，一項一項列出這輩子一直想做的事，一項一項毫不猶疑地付諸實踐，比年輕時候還勇敢、還有行動力！因為到了這個年紀，人生進入倒數計時，對時間格外珍惜，對自己也有些許歉意，總覺得可以對自己再好一些，把自己擺在優先一點，所以就不再遲疑，把握體力還可以勝任的此時此刻，為自己做點事，讓後半生豐盛而自足，起碼多一些可以瞇著眼笑咧嘴的甜美回憶。患病的我尚且如此，你還在等什麼呢？人生是你的，就為它好好活過一遍。把自己放在最重要的位置，做一個自己行得通的計畫，然後毫不猶豫地去做！但別給自己過大壓力，做不到也沒關係。

在歷史上，有人面對巨大的損失、疾病、監禁或死亡，接受了看似無法接受的命運，並因而找到了「可以理解一切的安寧」。接受無法接受的，這就是世上最偉大的恩典的源泉。我希望我的經歷能成為一盞明燈，照亮那些在黑暗中掙扎的人。我希望我的文字能成為一股力量，鼓勵更多的人用愛和勇氣去面對每一個挑戰。我相信，只要我們心中有愛，生命就永遠不會失去意義。

二、第二生命基金會

當你看到這裡已經是最後,謝謝你願意花時間讀完這本書。

罹病期間我思考許多事情,我從未停止追問:生命的極限究竟在哪裡?是疾病、衰老,還是時間本身?四百年前,伽利略的望遠鏡讓我們觸摸星辰;七十年前,DNA雙螺旋的發現揭開了生命密碼的序幕。 現在人工智慧發達,我們是否有可能透過人工智慧與壽命之間的關係,去探索讓人類掙脫生物學宿命的枷鎖,賦予生命第二次可能,即是壽命的延長。

因此,我想未來花些時間,去進行探索,雖然我明白力量甚小。若第一次生命是自然的饋贈,第二次生命將是人類智慧的集體勝利。

嘗試匯聚基因編輯、人工智慧、再生醫學與神經科學的頂尖力量,破解細胞衰老的密碼,讓「百歲人生」不再是少數人的幸運,而是全人類的常態。

懷疑者與理想主義者,有人會說這是狂妄。但沒關係,甚至我在裡面成為一個小貢獻者也行。

試想一個世界,百歲老人仍能攀登高山,祖孫五代共享智慧,畢生理想不再被時間截斷。這才是「第二生命」的真

正意義：讓生命的長度，配得上靈魂的深度。

所以若你是科學家、企業家、政策制定者或更多，也歡迎與我共築倫理基石。我需要很多資源與幫助。

Facebook：王俊傑 Jawin Wang
Instagram：jawinwangjawin
Threads：jawinwangjawin
YouTube：@jawinwang
Email：jawin27@gmail.com

參考文獻

1. Aizer, A. A., Chen, M. H., McCarthy, E. P., Mendu, M. L., Koo, S., Wilhite, T. J., ... & Nguyen, P. L. (2013). Marital status and survival in cancer patients: A population-based study. *Health Psychology, 32*(6), 646–652. https://doi.org/10.1037/a0030656

2. Algoe, S. B., Kurtz, L. E., & Hilaire, N. M. (2017). Gratitude and social support in cancer patients: A longitudinal study. *Journal of Behavioral Medicine, 40*(5), 755–763. https://doi.org/10.1007/s10865-017-9849-8

3. Emmons, R. A., Mishra, A., & Patel, S. (2020). Gratitude and adherence to treatment in cancer patients: A prospective study. *Health Psychology, 39*(2), 99–108. https://doi.org/10.1037/hea0000801

4. Hofmann, S. G., Grossman, P., & Hinton, D. E. (2015). Compassion meditation for psychological distress in cancer patients: A pilot study. *Journal of Psychosocial Oncology, 33*(2), 197–210. https://doi.org/10.1080/07347332.2014.1002659

5. Kiecolt-Glaser, J. K., & Wilson, S. J. (2017). Romantic relationships and immune function: A meta-analysis. *Psychosomatic Medicine, 79*(5), 544–556. https://doi.org/10.1097/PSY.0000000000000455

6. Kim, Y., Park, S., & Lee, J. (2020). Cultural variations in family caregiving for cancer patients: A global perspective. *Supportive Care in Cancer, 28*(5), 2109–2120. https://doi.org/10.1007/s00520-020-05368-2

7. Northouse, L. L., Katapodi, M. C., Song, L., Zhang, L., & Mood, D. W. (2012). The role of caregiver burden in cancer patient outcomes. *Psycho-Oncology, 21*(1), 1–8. https://doi.org/10.1002/pon.2003

8. Pace, T. W. W., Negi, L. T., Adame, D. D., Cole, S. P., Sivilli, T. I., Brown, T. D., ... & Raison, C. L. (2018). Compassion meditation and immune function in breast cancer survivors: A randomized controlled trial. *Brain, Behavior, and Immunity, 72*, 1–8. https://doi.org/10.1016/j.bbi.2018.05.014

9. Pinquart, M., & Duberstein, P. R. (2010). Social support and cancer progression: A systematic review. *Journal of Psychosomatic Research, 68*(3), 123–134. https://doi.org/10.1016/j.jpsychores.2009.09.013

10. Pinquart, M., & Duberstein, P. R. (2010). Social support and survival in patients with cancer: A systematic review and meta-analysis. *Journal of Clinical Oncology, 28*(15), 2520–2525. https://doi.org/10.1200/JCO.2009.26.5268

11. Pisu, M., Kenzik, K. M., & Oster, R. A. (2020). Financial stress and mental health in cancer patients: A longitudinal study. *Journal of Clinical Oncology, 38*(15_suppl), e24064. https://doi.org/10.1200/JCO.2020.38.15_suppl.e24064

12. Robles, T. F., Slatcher, R. B., Trombello, J. M., & McGinn, M. M. (2014). Love and survival in chronic illness: The role of emotional intimacy. *Journal of Behavioral Medicine, 37*(5), 984–992. https://doi.org/10.1007/s10865-013-9536-3

13. Sirois, F. M., Hirsch, J. K., & Lyubomirsky, S. (2019). The role of self-compassion in the quality of life of cancer patients. *Journal of Clinical Psychology in Medical Settings, 26*(4), 344–352. https://doi.org/10.1007/s10880-018-9582-7

14. Temel, J. S., Greer, J. A., Muzikansky, A., Gallagher, E. R., Admane, S., Jackson, V. A., ... & Lynch, T. J. (2017). Impact of hospital-based palliative care on quality of life and survival. *The Lancet Oncology, 18*(9), 1234–1242. https://doi.org/10.1016/S1470-2045(17)30415-7

15. Wood, A. M., Froh, J. J., & Geraghty, A. W. (2016). Gratitude and well-being in cancer patients: The mediating role of positive affective states. *Psycho-Oncology, 25*(3), 342–348. https://doi.org/10.1002/pon.3920

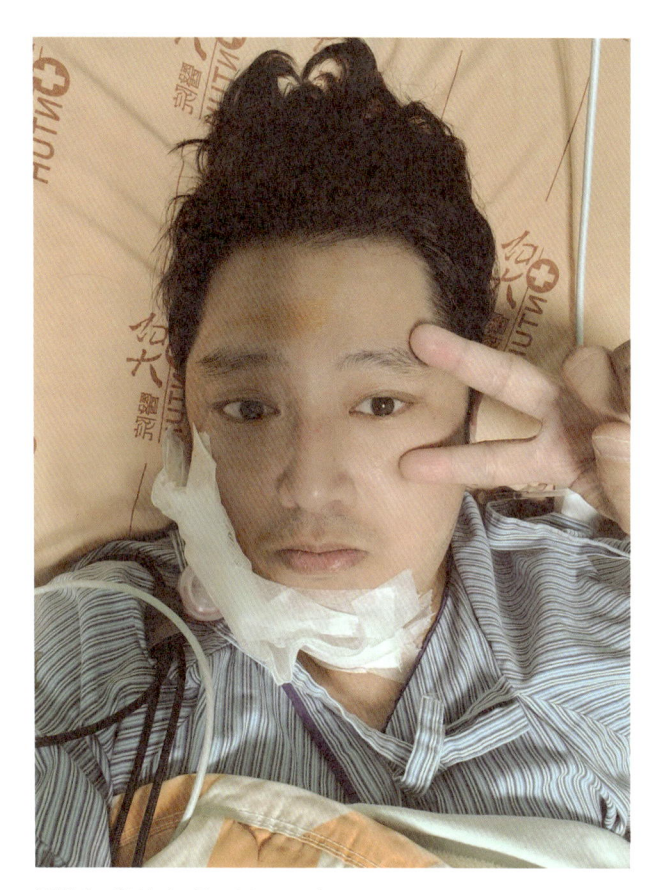

剛開完刀仍帥（1月11日，2024）

記錄三項新的成就解鎖。
1. 血小板最低到17。
2. 白血球最低不到1，
　 趨近零。
上面難關已過。
3. 隨便一碰頭髮就醬。
（6月14日，2024）

家人從台灣過來香港見我。
我們去了東方小祇園，這裡的素食味道很好，料理的方式在台灣都沒見過。
有一道菜是芋頭魚。味道非常好，只可惜不是用我們大甲的芋頭。
（7月9日，2024）

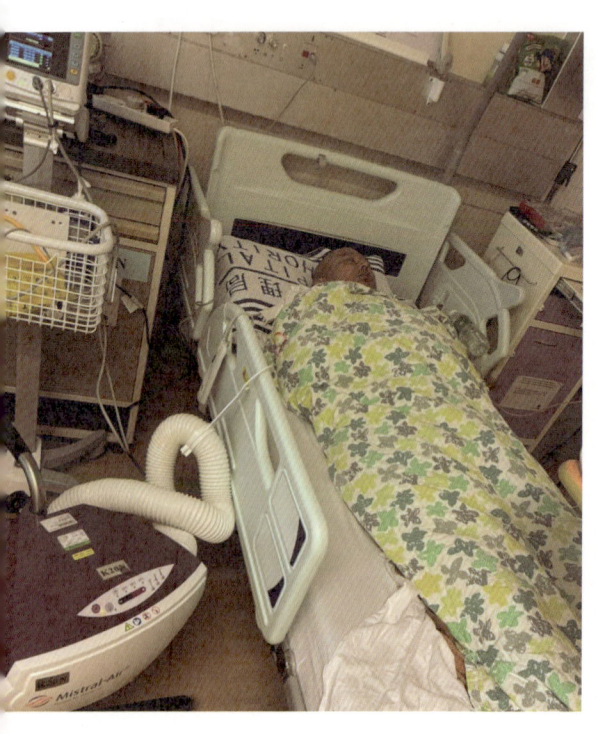

常常覺得病房就是結界，我們出不去，來探病的人只有中午和晚上能進來。醫護人員負擔了原本家人應該承擔的看護工作。有許多人在這裡經歷別離。你看著那些病房不斷有人離開，也不斷有人進來。有些人中午、晚上均有人探訪；有些默默吃著醫院的衛生餐，久無人問津。
連續失溫到三十四度，血壓過低，儀器徹夜狂吠。醫護人員不知道哪裡弄來了一台機器，我就躺在類似睡袋的塑膠套裡，機器拚命往內吹著熱風。連續整天，氣溫才勉強回到三十六度。
（8月6日，2024）

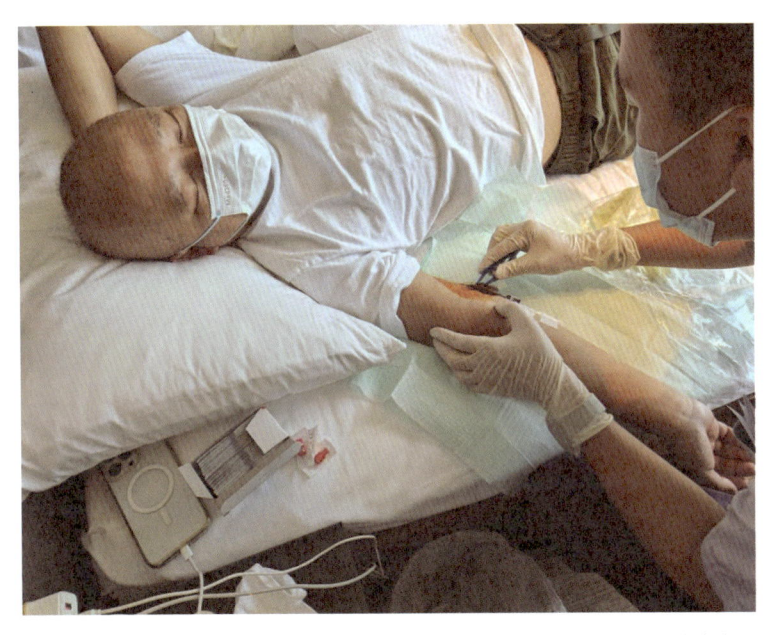

今天來了位帥氣的社區男護士，來家裡幫我做心臟導管清潔。然後又說要去台中玩耍。目前沒遇過不帥的男護士。（8月9日, 2024）

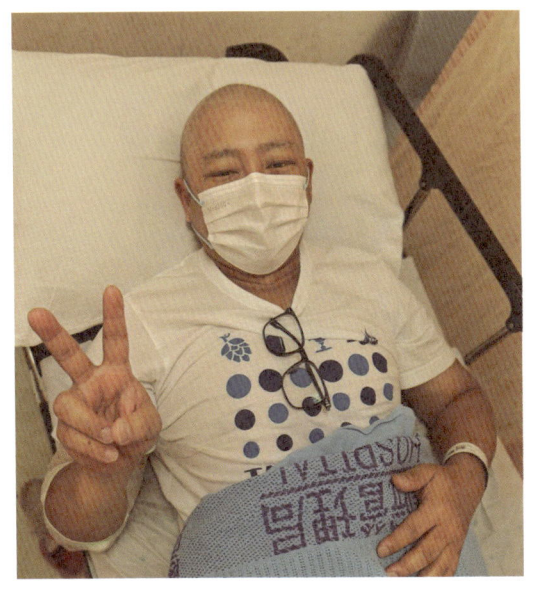

今天被安排全身檢查。
（9月4日, 2024）

瘋狂的2024年，被遺忘的兩隻小貓，值得把這段故事寫下來。

2021年某天，上海為了防止新冠疫情擴散，對整個上海進行封城。那時候我就特別擔心家中兩隻小貓，囑咐自己一定要保持健康，不能得新冠。接下來我就生病了，免疫系統出了問題，也無法搭飛機回上海。兩隻小貓和阿姨互相陪伴，一起在上海家中待著，結果就這麼過了三年。Barney和Bazou，我不在的日子，不知道他們是否焦慮？是不是以為我遺棄了他們？（11月9日，2024）

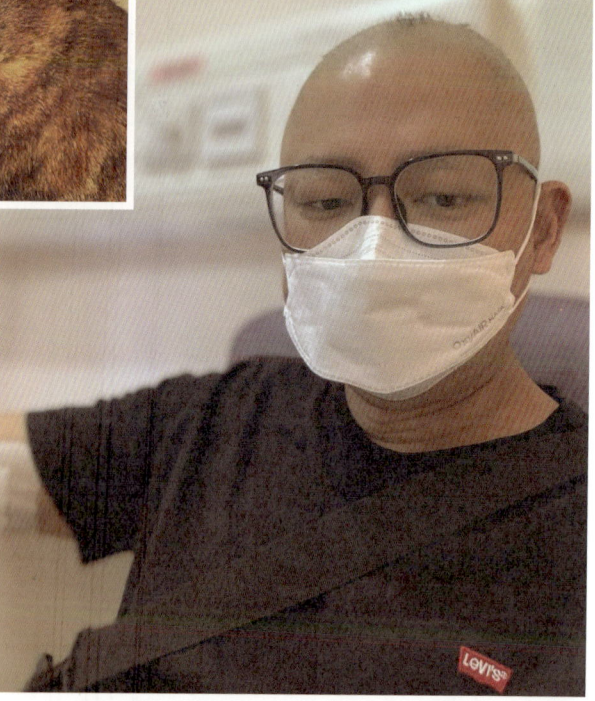

醫生說我的狀況，可能沒辦法清零。需要盡快做骨髓移植，只能見步行步。感謝我弟捐給我骨髓。

今天的狀況是腹瀉加嘔吐。還有頭上開始長頭髮。櫻桃小丸子有一個同學叫永澤，據說他的髮型也是這樣☺（11月13日，2024）

上午醫生安排了導管手術,從心臟位置接了一根導管出來。下午又抽了骨髓液。現在又跑來說我中性白血球低,要給我來一針。節目安排得太豐富,搞得我這也痛那也痛。我要打十個,不是一百個。(淚)
(11月26日,2024)

謝謝弟弟,從台灣飛來香港,把骨髓捐贈給我!(淚)順利扛過重重化療和電療,目前本王的體重從病前85公斤,掉到71公斤,快要挑戰6字頭了。
(12月11日,2024)

骨髓移植至今，告訴自己要一天熬過一天。前往香港治病之前，幸好去了趟首爾，見了友人，也陪伴了弟弟一家人。意外的是在首爾期間沒有高燒。如同正常人一樣。首爾的教會牧師為我禱告，為我唸了詩篇。今年的聖誕禮物是一百天挑戰卡，醫生說一百天熬過了，異體移植就勝利了一大半。告訴自己要一天熬過一天，熬過一天就畫個圈。謝謝香港，謝謝醫護。（12月27日，2024）

2025年真是紛爭的一年，感覺今年是世界重新組合的一年。對於我的身體也是，聽說骨髓移植之後會換血型，而我弟弟的血型和我是一樣的。我目前的身體沒有太多的抵抗力，像一個新生嬰兒一樣。一點點病菌都可能擊垮我，所以我必須要非常地保護好自己。2025年，雖然我還在病痛當中，雖然見到了曙光，但仍渴望見到光明。人們說我現在的狀態像重生，如果我能夠激勵到你。2025年假設你遇到低谷，希望你和我一樣，一起重生。
（1月11日, 2025）

最近的情況是前幾天因為摔倒昏迷，撞到頭，被救護車又送去住院了。在醫院住了幾天，做了各種檢查，確定沒有問題之後。醫生放我回家。結果今天因為腹痛，坐在馬桶上四五個小時。問題總是有，要一個一個解決。人生就是爽，來一個問題解決一個問題。
（4月4日, 2025）

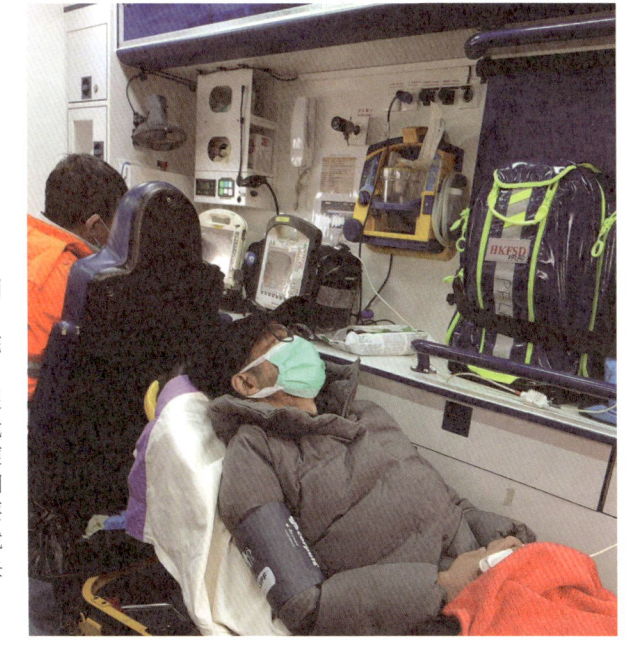

親愛的末期癌症
低谷總裁的二十堂生命體悟課

```
親愛的末期癌症：低谷總裁的二十堂生命體悟課 / 王
俊傑著. -- 初版. -- 臺北市：春天出版國際文化股份有
限公司,                                    2025.08
    面  ；  公分. --  (Better  ；  50)
ISBN         978-626-7735-03-9(平裝)
1.CST:      生命哲學        2.CST:        癌症

191.91                                   114005993
```

Better 50

作　　者 ◎王俊傑	總 經 銷	◎楨德圖書事業有限公司
總 編 輯 ◎莊宜勳	地　　址	◎新北市新店區中興路2段196號8樓
主　　編 ◎鍾靈	電　　話	◎02-8919-3186
出 版 者 ◎春天出版國際文化股份有限公司	傳　　真	◎02-8914-5524
地　　址 ◎台北市大安區忠孝東路4段303號4樓之1	香港總代理	◎一代匯集
電　　話 ◎02-7733-4070	地　　址	◎九龍旺角塘尾道64號 龍駒企業大廈10 B&D室
傳　　真 ◎02-7733-4069	電　　話	◎852-2783-8102
E－mail ◎frank.spring@msa.hinet.net	傳　　真	◎852-2396-0050
網　　址 ◎http://www.bookspring.com.tw		
部 落 格 ◎http://blog.pixnet.net/bookspring		
郵政帳號 ◎19705538		
戶　　名 ◎春天出版國際文化股份有限公司	版權所有・翻印必究	
出版日期 ◎二○二五年八月初版	本書如有缺頁破損，敬請寄回更換，謝謝。	
定　　價 ◎340元	ISBN 978-626-7735-03-9	